독일,
여행의 시작

독일, 여행의 시작

경관과 문화로 독일을 만나다

정기호 지음

사람의무늬

○ 들어가는 말

어느 나라로 여행을 하든 대개는 그 나라의 수도를 먼저 찾게 된다. 수도는 한 나라를 대표하는 으뜸 도시며 그래서 역사적으로나 문화 예술의 각 분야에서 그 나라를 대표하기 때문이다. 그런데 독일은 좀 다르다. 수도 베를린은 다른 나라 수도처럼 독일의 모든 것을 보여주지 않는다. 옛 프로이센의 왕도로서 동부 독일을 대표하는 중심도시일 수는 있지만 독일을 대표하지는 않는다.

독일에는 일반적으로 기대되는 것과 다른 일이 여럿 있다. 한 나라의 표준말을 정하는 데는 그 나라의 수도에서 쓰는 말을 기준으로 삼는 게 보통이다. 그런데 독일어는 수도 베를린이 아니라 하노버 사람들이 쓰는 말이 표준말로 되어 있다. 한마디로 독일은, 보편화된 상식을 벗어난 여러 것들 때문에 한눈에 잘 들어오지 않는 나라다. 대표하는 뭔가가 없다면 여러 자잘한 경우들을 묶어서 더미로 다루어 보아야 할 텐데, 여행자로서 그러기가 쉽지 않다.

만약 여행자로서 단기간 동안 이 나라를 알아내야 할 것 같은 조급함을 떨쳐내고, 시간이 허락하는 만큼의 작은 부분만을 만나도 좋다는 식으로 느긋하게 마음먹고 보면, 혹 목적한 곳이 시골의 작은 동네라 하더라도, 독일은 어디의 어떤 것이라도, 여행자가 기대하는 만큼, 때로는 그 이상을 보여 준다. 짧은 체류시간으로도 충분한 성과를 얻을 수 있다.

독일 유학길은 나의 첫 해외 나들이였다. 유학생 입장으로서 단 며칠간에 이 나라를 마스터해야 한다며 조바심 낼 일도 없고, 게다가 주머니 사정도 여의치 않다보니 기회가 닿는 대로 조금씩 가까운 곳들을 익혀 가는 식이었다. 그렇게 시작된 나의 여행은 학위를 마치고 귀국한 이후, 지금까지도 틈틈이 이어지고 있다. 그래서 독일은 나에게 '여행의 시작'이라는 각별한 의미가 있다.

유명 관광지나 대도시보다는 주로 구석구석의 작은 동네를 찾아다니는 여행이라면 나의 독일 이야기는 유럽 어느 일각에서 만나는 일상의 소소한 일들에 관한 경관에세이에 가까운 여행기가 되어줄 것 같다.

차례

독일 북부 (prior part)

역사도시, 마인츠와 프랑크푸르트 /

독일 북부

하노버 시절 /

백조의 기사 로엔그린의 도시, 클레베 /

독일 동부

분단시절의 동-서 베를린 /

독일 남부

여행의 끝

Ludwigshafen
NIBELUNGEN MUSEUM
Bahnhofstraße
Jugendherberge

독일지도
덴마크
발트해
북해
후줌
킬
슐레스비히 홀슈타인 주
동부
메클렌부르크포어포메른 주
슈베린
함부르크
브레멘
브란덴부르크 주
폴란드
네덜란드
북부
니더작센 주
작센안할트 주
베를린
포츠담
하노버
게르덴
마그데부르크
데사우
클레베
노르트라인 베스트팔렌 주
바트 무스카우
튀링겐 주
라이프치히
작센 주
뒤셀도르프
마르부르크
풀다
에르푸르트
드레스덴
예나
중부
베츨라
헤센 주
바이마르
일메나우
프랑크푸르트
비스바덴
라인란트 팔츠 주
마인츠
체코
룩셈부르크
보름스
바이로이트
자를란트 주
하이델베르크
카를스루에
바이에른 주
남부
슈투트가르트
파사우
프랑스
칼브
울름
아우크스부르크
바덴뷔르템베르크 주
메스키르히
뮌헨
스위스
오스트리아

여행의 시작

독일 도시는 빈틈이 없다. 너무 질서 있게 짜여져 있다 보니, 여행자로서는 쉽게 다가가기 어렵거나, 선뜻 마음을 풀어 내리지 못할 수도 있다. 그러나 역사적인 장소의 보존과 관리에서는 철저하고 상당한 깊이도 있다. 모든 게 '은근히' 제대로 갖추어져 있다.

독일
여행

키르히슐라크(오스트리아)

독일 사람들은 평소 'In Ordnung'이란 말을 자주 쓴다. 직역을 하자면 '제대로 질서 있게 갖추어졌다'는 의미로, 좋다, 잘 됐다 등의 완료 내지 긍정을 표하는 말이다. 모든 게 원리원칙에 입각하여 체계 있고 질서 있게 잘 돌아가는 독일인의 일상생활이 잘 느껴지는 부분이다. 이런 일은 독일의 도시에서도 그대로 나타난다. 너무 단정하달까, 아니면 너무 꽉 짜여 있다고 할까.

독일 도시는 빈틈이 없다. 너무 질서 있게 짜여져 있다 보니, 여행자로서는 쉽게 다가가기 어렵거나, 선뜻 마음을 풀어 내리지 못할 수도 있다. 관광도시로 이름난 곳이라 하더라도 독일 도시는 이렇다하게 눈을 확 끌 수 있는 매력적인 뭔가가 갖추어져 있지 않다. 그러나 역사적인 장소의 보존과 관리에서는 철저하고 상당한 깊이도 있다. 모든 게 '은근히' 제대로 갖추어져 있다. 그래서 자세히 들여다보면, 도시 기반 시설들은 여행자에게 편안하고 쾌적한 여건을 제공해 주는 편이다. 첫눈에 확 끌리게 된다기보다는 친해지기 위해 은근 노력해야 한다. 그렇게 독일 도시들을 만나다 보면, 어느덧 자신도 모르는 사이에 다른 나라 도시보다 더 친숙해지는 걸 느낄 수 있다.

프랑크푸르트 공항

독일 직항로가 생긴 이래로 나에게 유럽을 드나드는 관문은 거의 프랑크푸르트 공항이었다. 그전에는 중국 상공을 지날 수 없고 시베리아를 거쳐서 갈 수도 없다 보니, 북극권 상공을 지나 파리로 가는 항공편과 동남아시아를 거쳐 스위스 취리히로 가는 노선만 있었다. 북쪽으로 갈 때는 알래스카 앵커리지, 남쪽으로 갈 때는 중동 일원의 공항에서 중간 기착을 하였으니 당연히 시간도 많이 걸렸다. 지금은 중간 기착 없이 중국, 시베리아를 통과하여 11시간이 채 걸리지 않아 프랑크푸르트에 바로 도착하므로 시간 단축 외에도 편리한 점이 많다.

프랑크푸르트 공항에서 전철로 프랑크푸르트 시내 중앙역으로 간다. 역 구내 보관함에 짐을 맡겨놓고 시내 중심가로 향한다. 유럽 여행이 처음이라면 이날이 유럽에서의 첫날이고 유럽 도시와의 첫 대면이 된다. 요즘 유럽 여행에서 인기 있는 코스는 런던으로 갔다가 프랑크푸르트에서 나오는 방식이라던데, 그런 걸로 보자면 프랑크푸르트가 유럽 여행의 종착점일 수도 있겠다. 여러 모로 유럽 도시와의 만남을 두고 이야기하자면 프랑크푸르트는 자연스럽게 떠오르는 곳 중 한 곳이 되지 않을까 싶다. 대부분의 독일 도시들이 그렇지만, 프랑크푸르트에는 꼭 가봐야 할 만한 명소가 있는 것은 아니다. 그렇더라도 첫날이니 잠시 숨도 고를 겸 일단 숙소를 정해 놓고 하루만이라도 머물 계획을 세워본다.

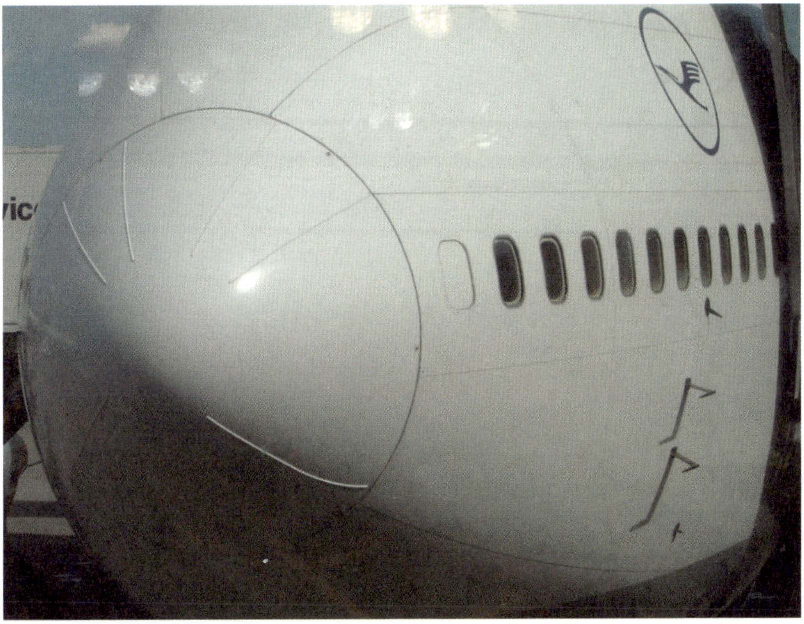

루프트한자 항공기

배낭여행 같은 장기간 여행에서 하루란 1박 2일이 아니다. 도착해서 숙소를 정하고 짐을 풀었다가 다음날 다시 짐을 싸고 떠나야 한다면, 그저 짐을 풀었다가 다시 싸는 데 시간을 다 보내고, 여행으로는 아무 의미가 없다. 그래서 최소 2박 3일 정도는 돼야 도착해서 숙소를 정하고 짐을 풀고 잠시 시내를 둘러보고, 그 다음날 하루를 전부 여행지에서의 자유로운 시간으로 가질 수 있다. 그리고 밤에 짐을 싸놓고 다음날 아침 느긋하게 아침식사를 즐기고 여유를 가지면서 다음 행선지로 떠나고, 다시 도착한 다른 여행지에서 같은 방식으로 한다. 즉 2박 3일을 기준으로 여행의 최소 기본 단위를 삼고, 거기에 하루씩 더하여 이틀이나 사흘 정도 시간을 더해 가는 셈법이 여행에서의 기본 날짜 계산법이다.

2박 3일을 하루로 치는 계산법에 따라 프랑크푸르트 시내를 잠시 둘러본다. 역에서 크게 벗어나지 않아 상업업무지구가 펼쳐지고, 조금 더 가면 마인 강변 가까이로 구도심 지역이 펼쳐진다. 구도심이란 말이 무색하게 프랑크푸르트에는 옛날 모습이 거의 남아 있지 않다. 옛 모습이라는 기준이 애매할 수 있지만 프랑크푸르트의 구도심 정도라면 독일의 보편적 도시경관 치고 그다지 예스러운 경관은 아니다. 거기에는 전후 복구 과정 때 있었던, 극히 독일적인 일들이 관련되어 있다.

패전국이었지만 독일은 전쟁이 끝난 후 미국으로부터 많은 원조금을 받았다. 그 돈을 어떻게 할지는 국가적 차원의 논의가 아니라 도시와 지역별로 목표와 방향을 각자 정한 모양이다. 미국의 조경가 피터 워크가 대학 시절, 종전 직후의 유럽을 여행하다가 막 선후 복구를 논의하고 있던 독일의 인상 깊었던 부분을 쓴 글에서 나온다. 독일 대부분의 다른 도시들은 가능한 전쟁 전의 옛 모습 복원에 주력했던 데 반해, 예외적으로 몇몇 도시만은 이참에 과감하게 새로운 모습으로 탈바꿈하는 쪽으로 방향을 잡았는데 프랑크푸르트도 이중 하나였다.

대부분의 도시는 옛 모습을 다시 복구하는 쪽으로 원조비를 몰아넣었다니, 왜 그리 바보 같은 짓을 했는지, 그들의 속마음(그들에게 옛것은 먹고사는 것 이상의 큰 의미가 있었다)을 대략 알아차리는 데는 몇 년이 걸렸다. 아무튼, 프랑크푸르트는 현대식으로 복구 방향을 잡았고, 그 원칙에 따라 도시를 재건했다.

프랑크푸르트 옛 성곽이 지나던 구간에 형성된 넓은 녹지를 따라 산책을 하는 것도 좋고, 시내에 큼직하게 들어선 건축물 혹은 독일 전역에 있는 고층빌딩을 다 가져온 것 만큼이나 높게 솟아 있는 고층빌딩들과 시원하게 뚫린 보행로를 따라가며 도심 산책을 하는 것도 좋겠거니와 강 건너 편으로 마인 강변을 따라 연이어 있는 수많은 박물관들을 둘러보는 것도 좋다. 차분한 모습의 실용적인 의장을 하고 있는 현대 건축과 외부 조경된 박물관 외부공간들을 즐겨보는 것도 의미 있는 일이 될 것 같다. 한가롭게 강변을 걷다가 건물을 보고 녹음을 마주하면서, 유럽과의 만남을 새겨두고 새로운 풍물과의 만남을 준비하는 마음을 가진다는 점에서 프랑크푸르트는 훌륭한 여행지가 될 것이다.

표지판,
한 편의 정형시

이탈리아 북부

모든 길은 로마로 통한다. 고대 로마제국 전성기에 실제로 주요 도로는 모두 로마로 향했다. 모든 문물과 사람의 교류가 그 길을 통해 이루어졌으니 로마는 진정 세계의 중심이었을 것이다. 이탈리아의 시골구석, 그게 어디쯤이었는지 기억나지 않는데, 좁은 골목길 끝에 Roma라는 글씨가 선명한 화살표 표지판이 하나 덩그렇게 서 있었다. 그해 이탈리아 여행에서는 로마 근처에도 가지 않았으니 못해도 수십 킬로미터 바깥이었겠지만, 모든 길의 방향은 그 하나로 충분했을 것 같다. 오늘날도 여전히 모든 길은 로마로 통하고 있었다.

길을 찾고 있는데, 어느 방향으로 얼마나 가야할지 알려주는 이정표 하나는 참 요긴하다. 어떤 곳을 담아주고 방향과 거리를 얼마나 간단하게 명기해 주는가 하는 일은 생각보다 쉽지 않다. 담아 넣는 것보다는 얼마나 잘 빼내는가가 더 중요하고 어렵다. 잘 짜인 안내 표지판, 잘 짠다는 건 사실 생각만큼 쉽지 않다. 잘 요약되어 있으면서도 확연한 문구가 있어야 하고, 그걸 잘 담아낼 수 있을 만한 크기의 디자인이 나오도록 해야 한다. 그래서 표지판을 문학 장르에 비유하면 시와 같다. 간추리고 서로 잘 약속된 체계의 운율에 따라 잘 엮어놓은 짧은 정형시 같다.

정형시는 일종의 약속된 운율을 바탕으로 한다. 운율은 우리 생활 속에서 흔히 만나는 리듬이기에 익숙하다. 표지판의 운율도 그런 약속된 규칙을 근간으로 한다. 인류 공통의 운율이 아니라 나라나 문화권 별로 간직하고 있는 방식이다. 도시의 구조와 도시를 이루는 시설과 환경이 나라와 지역마다 다르기 때문이다.

독일 여행 중에 만나는 여러 표지판 문구 중, 눈여겨볼 대표적인 것으로 반호프슈트라쎄(Bahnhofstraße)가 있다. 반호프슈트라쎄는 '역전거리' 정도로 번역할 수 있는데, 이 방향을 따라가면 어떻게든 기차역이 나올 게 분명하다. 이 표지판을 만나면 얼마 떨어지지 않은 곳에 기차역이 있겠거니 한다. 그리고 이 표지판을 만났으면 바로 내가 있는 그 자리가 독일 어느 도시든 구도심 한가운데에서 멀리 떨어지지 않았음을 확신해도 좋다.

역은 대부분 구도심의 역사 지구로 이어지는 길목에 있다. 대도시가 아니라면 거의 5분 이내에 구도심이 나온다. 대도시라 해도 쾰른 같은 곳은 아예 역 구내에서 유리벽을 통해 쾰른성당이 꽉 차 보일 정도로 바로 옆에 있고, 하노버 같은 곳은 역에서 나오자마자 중앙교회인 마르크트 교회 첨탑이 불쑥 솟아나 보일 만큼 가까이에 있다. 광장에 면한 길 너머에서부터 중세시대의 성곽이 있던 경계가 시작된다.

표지판 하나를 통하여 독일 도시의 골격을 읽어낼 수 있고 또 결과적으로 그런 인상을 새길 수 있다. Bahnhofstraße, 그 아래 위로 걸려 있는 몇 개의 이정표, 그 하나하나를 읽어 보면 이 도시의 어지간한 것들이 모

보름스

두 머릿속으로 들어오게 된다.

"여기는 역전거리이니 구도심이 그리 멀지 않소. 오른쪽으로 가면 유스호스텔(Jugendherberge)이 나오고 또 니벨룽겐박물관(Nibelungen Museum)이 나오게 되겠소. 얼마 되지 않는 곳에 중앙 대성당(Dom)과 관광안내소가 있소. 그러니 당신은 우리 도시를 탐방하기에 딱 좋은 곳에 제대로 서 있는 것이오. 조금 더 정보를 줄까요? 당신 지금 자전거로 장거리 여행을 하는 중이요? 오른쪽으로 23km 정도 떨어진 곳에 루드비히스하펜(Ludwigshafen)이 있는데, 거기에서 자전거도로를 따라 계속 진행하시오."

▎풀다, 자전거도로 이정표

이정표 하나에 이런 정도의 내용을 함축시켜 넣는 것은 훌륭한 디자인의 문제이기도 하지만, 그보다는 작은 정성에 관한 문제라고 생각한다. 아무튼 독일의 도시는 잘 짜인 체계와 규칙에 입각하여 질서 있게 반복되어 있는 유기체와도 같다. 따라서 표지판 하나만 잘 읽어도 여행 중 길을 잃고 헤맬 일이 없다.

독일의 역사경관,
건축과 정원

독일에는 훌륭한 건축물들이 여럿 있지만, 이탈리아의 성 베드로 성당이나 프랑스의 베르사유 궁전처럼 근대 건축의 명작으로 꼽히는 작품은 별로 없다. 정원을 들여다봐도 사정은 마찬가지다. 그렇지만 독일 전역 어디에 가더라도 눈길을 끄는 건축물이나 정원들이 지천으로 있다. 다른 나라에서는 좀처럼 찾아보기 힘든 모습인데, 그 이유는 크게 두 가지로 꼽을 수 있다.

독일은 역사적으로 중앙집권적 강력한 왕권을 중심으로 한 나라가 아니라 각 지방 영주들에 의한 지방분권적 통치체제를 바탕으로 각 지방마다 독립적인 중심 권력이 존재했다. 이는 흔히 군주의 건축양식이라 부르는 바로크 양식의 호화로운 궁전과 정원이 전국 각처에 즐비해 있는 현상을 설명할 수 있는 배경이 된다. 이러한 점에서 독일과 대조적인 나라는

베를린, 독일역사박물관

단연 프랑스일 것이다. 프랑스에는 베르사유를 비롯한 어마어마한 규모의 궁전과 정원이 있지만, 파리나 일드프랑스 주를 벗어나면 그런 화려한 궁과 궁원을 더는 만날 수 없다.

또 다른 원인은 17세기 중반 있었던 30년 전쟁에 있다. 신교와 구교가 서로 맞붙어서 30년간 치른 기나긴 전쟁 동안 유럽 전 국가들은 각각 신교 혹은 구교 세력과 연합해 독일 전역에서 전쟁을 치렀다. 전쟁이 끝난 후 신교 측에서는 군주의 궁과 궁원을 재건했고, 구교 측에서는 부서진 교회를 재건하고 교황과 구교의 권위와 명예 그리고 교권확립의 자체 개혁 수단으로 교회를 복구하거나 새로 건립했다. 이 과정에서 당시 유행하던 양식이자 절대 권위의 표방에 시각적으로 필요했던 바로크 양식의 궁과 교회 그리고 정원이 전국적으로 들어서게 된 것이다.

구교 지역 경관

유럽의 도시에는 같은 문화권이 만드는 공통된 모습이 있다. 도시의 입지 방식에서 보이는 특징이 그런 공통점 중 하나가 될 텐데, 중세로 거슬러 올라가는 먼 과거의 도시일수록 산 정상에는 교회나 성채와 같은 중요한 시설이 자리 잡는다. 평지에 자리했다면 성이나 수도원의 주위에 해자(성 주위에 둘러 판 못)를 두르거나 호수 한가운데 섬에 자리 잡는 방식으로 외부와는 수직적으로나 수평적으로 분명히 거리를 둔다.

전략적 요충지 산상에는 성채가 자리 잡고, 그에 의지하여 산 아래에 도시가 자리하며 도시 한가운데에는 교회가 들어선다. 드물게는 산 위 높

아른스베르크(Arnsberg)

은 곳에 교회가 서기도 한다. 대부분 예전에 수도원이 있었거나 지금도 수도원교회일 경우가 많다. 어느 경우든 멀리 내려다볼 수 있거나 아래에서 잘 올려다보이게 되어 있다. 모두 옛날에 전략적 거점과 관련된 곳이기 때문에 오늘날 이런 곳은 대체로 조망이 좋은 장소로, 쉬거나 관망하기 적합해 인기 있는 장소다.

조금 상세히 보면, 신교 지역과 구교 지역에 따라 도시 경관은 상당히 다른 분위기로 나타난다. 독일은 전통적으로 신교 지역과 구교 지역이 명확히 나뉘어 있었다. 루터의 종교개혁과 뒤이어 유럽 각지에서 펼쳐진 종교개혁 움직임에 따라 기독교는 구교와 신교로 나뉘었다. 대부분의 유럽 국가들은 국가 자체가 구교나 신교를 신봉하였지만, 통일된 강력한 중앙 집권체제가 아니었던 독일은 각 지역을 장악하던 영주의 성향에 따라 신교 혹은 구교 지역이 되었다. 그 전통은 오늘날까지 이어져 있고, 그에 따라 도시는 상당히 다른 면모를 보인다. 예를 들어 구교 지역의 동네에서는 언덕으로 오르는 길목 곳곳에서 구교적 색채의 장치들을 만날 수 있다.

어디서나 집집마다 창가를 장식하고 작은 집 앞 공간을 깨끗하게 정원으로 가꾸어 놓는 데에도, 신교 지역은 모든 장식이 산뜻하고 담백하다면 구교 지역은 여기저기 장난감 같은 소재를 창문이고 마당에 벌려놓아 꽤 장식적인 것이 특징이다. 오스트리아, 이탈리아의 오래된 동네, 산동네 같은 곳에서 만나는 예스러운 분위기처럼, 구교 지역 동네에서는 여행자로서 슥 지나다니면서 여기저기 기웃거리며 구경도 하고 눈요기하기 좋아서 지루할 틈이 없다. 만약 그 도시가 구교 지역이고 높든 나지막하든 언덕이 있다면 거기에는 거의 어김없이 작은 교회가 있다. 마당에 고목 한 그루, 나무 벤치도 하나 정도 있어서 조용히 그늘 아래에서 멀리 도시 전경을 만나기에 좋은 장소를 제공해주곤 한다.

유스호스텔

보름스 대성당

나는 여행할 기회를 비교적 많이 가질 수 있었다. 원래 여러 곳을 자주 다녀야 하는 전공 탓도 있지만, 경제적 여건도 그리 좋은 편이 아니고 시간적으로 나름대로 노력한 덕에 다른 사람들보다는 자주 여행을 한 셈이다. 여러 군데 주마간산하며 다니는 것보다는 한군데 오래 머물며, 그리고 같은 곳을 여러 차례 반복해서 간다. 그러기에 여행의 횟수에 비해 실제로 다닌 여행지는 그리 많지 않다. 해외여행으로 보자면 평소 여행을 위해 따로 조금씩 저축한 돈으로 2~3년에 한 차례 정도 방학을 이용하여 여행을 해 왔는데 여행지는 거의 유럽이었다.

사람마다 각자 좋아하는 여행 스타일이 있어서 누구에게나 적용될 만큼 어떤 여행이 좋다고 한마디로 단정 지을 수 없다. 여행을 할 수 있는 개인적인 사정이나 여건들도 달라 여행의 방법에 대해 똑같이 이야기할 수 있는 것도 아니다. 여행에 대해서라면 그 어떤 부분에서도 교과서처럼 일관되게 말할 수 있는 모범답안은 없다. 그럼에도 불구하고 굳이 여행에 관한 어떤 이야기를 해야 한다면, 별도리 없이 자신이 해온 여행 방법과 직접 겪은 경험을 들어 이야기할 수밖에 없다.

비용이나 편의성으로나 가장 중요한 것은 역시 숙소 문제다. 아이들이 어렸을 때는 거의 늘 유스호스텔을 이용했다. 값이 싸고 이용이 무척

보름스 유스호스텔

편리했기 때문이다. 특히 독일의 유스호스텔은 세계 최고 수준이다. 통독 직후 구 동독 지역의 유스호스텔은 서독을 따라올 수 없는 정도였지만 그래도 동독의 전반적인 문화와 생활수준에 비하면 상당한 수준으로 정비되고 체계가 잡혀 있었다. 유스호스텔은 독일어로 유겐트헤르베르게(Jugendherberge)라 부른다. 원래 국토순례 도보여행의 일환으로 순수 민간 차원에서 시작된 청소년 프로젝트를 위한 것이었다. 유겐트는 청소년을 지칭하고 헤르베르게는 중세시대부터 유랑자나 순례자들에게 잠자리와 먹거리를 제공하던 공익시설이었는데, 이를 테면 유겐트헤르베르게는 청소년 여행자를 위해 제공되는 값싸고 유익한 숙박시설이 되는 것이다. 19세기 말부터 청소년들로 하여금 조국애를 느끼고 조국 산천을 알게 하자는 반더포겔(Wandervogel), 즉 철새운동을 장려하면서 폐허가 된 옛 성을 개조하여 청소년들에게 숙식을 제공하던 것에서 비롯되었다.

내 형편에 좋은 호텔은 꿈도 꾸지 못할 일이고 우리나라 식으로 하자면 모텔 수준만 되어도 호사였을 것이다. 그래서 유스호스텔은 나에게 아주 요긴했다. 특히 독일 유스호스텔은 어린아이를 포함한 가족 단위 여행객에게는 가족실을 내준다. 또한 유스호스텔의 위치도 아주 좋은데, 역사적 명소나 자연경관이 수려한 곳 가까이에 있어서 숙소로는 그만한 곳이 없다. 보름스(Worms)의 유스호스텔 같은 곳을 대표적으로 꼽을 수 있다. 보름스 유스호스텔은 시내 구도심 한가운데 핵심이 되는 곳에 자리하고 있으며 성당을 마주보고 있다.

보름스의 이 성당은 아주 오래된 건축물인 데다가 고대 영웅설화로 전해오는 〈니벨룽겐의 노래〉의 중요한 무대가 되는 곳이기도 하다. 독일 고전문학 중 중요한 작품으로 여겨지는 〈니벨룽겐의 노래〉의 비극이 시작되는 곳, 두 여인의 공연한 경쟁에서 비롯된 엄청난 비극이 시발된 곳은 미사를 보기 위해 가던 길, 성당 입구였다. 그 성당이 보름스 성당이었다. 보름스의 유스호스텔은 바로 그 영웅설화의 극적인 갈등이 시작된 장소인 중세의 대성당을 창문을 통해 바로 볼 수 있는 장소에 세워졌다.

독일의 유스호스텔은 최고의 역사 문화 체험을 할 수 있도록 배려되어 있다. 아직도 나에게는 유스호스텔을 이용하고 싶은 로망이 있다. 맘껏 돌아다니다가 저녁 무렵에야 발길 닿는 가까운 유스호스텔에 찾아드는 식으로 완전한 자유를 누리기 위해 미리 예약을 하지 않고 다녀도 큰 부담이 없다. 물론 그러다가 낭패를 보는 경우도 생길 수 있지만. 유스호스텔은 만약 26세 이하의 청소년 배낭여행자라면, 혹은 어린이와 동행한 가족이라면 독일 전역, 명소 거의 대부분에서 훌륭한 시설에 저렴한 비용으로 이용할 수 있다.

독일 빵

온 세상이 깊은 잠 속에서 아직 깨어나지 않은 꼭두새벽이라도 거리에는 반드시 가게 문을 열기 위해 부지런히 준비하는 곳이 있다. 이른 새벽 다른 어느 가게보다 일찍 문 열 준비를 하는 곳은 빵집이다. 적어도 두어 시간은 족히 기다려야 빵이 나오겠지만 첫 새벽을 여는 1호점은 항상 빵집이다. 독일의 빵집에는 남다른 느낌이 있다. 반경 몇 미터에 온통 구수하면서도 미세하게 시큼한 맛이 섞여 있는 특유의 냄새가 풍긴다. 막 뜸이 든 하얀 쌀밥의 구수한 밥내와 쌍벽을 이루지만, 빵에 얽힌 일상생활의 느낌이 기억 속에 남아 있다.

독일식 식탁에는 으레 감자가 오른다. 감자를 굽거나 삶거나 갈아서 쪄 먹는 식으로 다양하게 준비하고 여기에 야채샐러드를 곁들이거나 스테이크 한 덩어리를 같이 먹을 수 있는 정도다. 검고 거친 알갱이의 잡곡빵, 어른 머리만큼 큰 빵, 씨름선수 허벅지 정도 굵기의 빵을 잘라서 곁들인다. 혼자시다면 한 보름 정도 먹을 수 있을 양이다. 그 외에는 딱히 기억나는 인상적인 음식이 없다. 딱히 다시 먹고 싶거나 생각나는 독일 음식은 전혀 없다. 딱 한 가지만 빼고.

브뢰첸(동그랗고 작은 흰 빵) 두 개에 버터와 갖은 종류의 잼 중 딸기나 살구, 산딸기 잼 하나를 펴 바르고, 햄이나 소시지 혹은 얇은 훈제 돼지고기를 얹어 커피와 함께 먹는 아침식사는 언제고 생각난다. 그걸 두고 식사라 부르기에는 좀 그렇고, 그래서 독일어로 아침식사(Frühstück)는 직역하

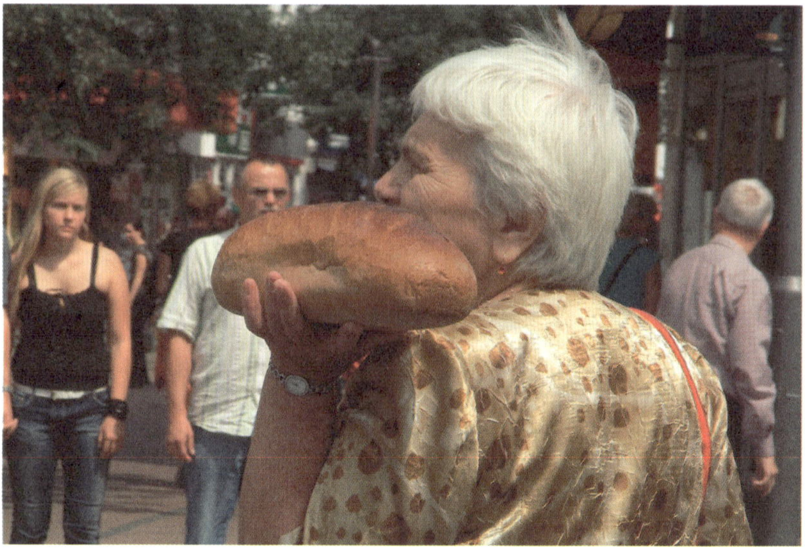

독일 빵

자면 '이른 요기꺼리'쯤 된다. 아침 식사 준비에는 보통 두 가지 일이 있는 게, 하나는 장바구니를 들고 동네 빵집으로 가서 막 구워낸 브뢰첸을 사는 일이다. 보통 식구 수에 2를 곱한 만큼 빵을 사온다. 주로 남자들의 몫이었다. 그래서 아침 동네 거리는 장바구니를 든 남자들이 자주 눈에 띄었다. 그동안 집에서는 커피를 내리고 식탁에 접시며 나이프를 챙겨 놓는데, 대개 아내들의 몫이다. 브뢰첸 두 개 정도면 넘치지도 않고 모자라지도 않는 딱 적당한 양이다.

나에겐 브뢰첸 두 개에 대한 남다른 기억이 있다. 막 유학을 갔던 시절, 어학원은 기숙학원으로 평일에는 세 끼 모두 어학원 식당에서 먹었다. 아침에는 브뢰첸을 주었다. 커피에 삶은 계란 하나, 브뢰첸 두 개, 잼과 버터 작게 포장된 것 하나. 하우스마이스터(기숙사 관리인)는 뚱뚱하고 뚱한 사람이었는데, 말이 자유 급식이지 지키고 섰다가 몰래 더 가져가는 녀석에게는 반드시 호통을 쳤다. 그래서 나는 애초부터 브뢰첸 두 개가 딱 정량이 되도록 길들여졌다.

브뢰첸

여행 중 호텔에서 맞는 아침식사 시간은 빼놓을 수 없는 여행의 또 다른 즐거움이다. 규모가 큰 호텔이든 옛날식 건물에 오래된 작은 호텔이든 대부분의 독일 호텔은 숙박비에 아침식사 비용이 포함되어 있어 아침부터 끼니를 해결하기 위해 거리를 헤맬 필요가 없다. 일반 호텔의 아침식사는 뷔페식으로 여러 종류의 음료와 햄, 소시지 등이 푸짐하게 갖춰져 있어서 좋고, 가족 단위로 운영하는 작고 오래된 여인숙급 호텔에는 푸짐하지는 않지만 정성스레 마련한 아침식단이 있어서 정겹다. 그래서 어느 경우라 해도 여행길에서 만나는 독일의 아침식사는 즐거움을 준다.

브뢰첸은 어른 주먹만 한 크기이니 딱 두 개 정도면 적당하다. 막 구워낸 걸 먹어야지 시간이 조금만 지나도 딱딱해져 제 맛이 나지 않는다. 그래서 매일 아침 빵집으로 달려가 갓 구워져 나오는 따끈따끈한 걸 사와서 먹는 것이다. 이른 출근시간이라면 빵집에서 해주는 빵과 커피로 아침요기를 할 수 있다. 커피 한 잔에 도넛이나 케이크 혹은 적당한 샌드위치를 곁들이기도 하지만 브뢰첸에 커피를 곁들여 해결하는 게 제일이다. 여행 중 야간열차를 이용하게 되어 호텔에 묵을 기회가 없을 때면 이렇게 빵집에서 해결하게 되고, 어떨 때는 호텔비에 아침 식사가 포함되어 있지 않아 별도로 계산하게 될 경우는 일부러 밖에 나와 식사를 하기도 하는데 상당히 불편하다. 아무튼 나의 여행지가 대부분 독일에서 크게 벗어나지 않은 걸로 몇 가지 그럴 듯한 이유를 댈 수 있는데, 그중에는 아침식사 때 나오는 브뢰첸을 즐기기 위해서라는 것도 내심 큰 비중을 차지하고 있다.

독일 중부

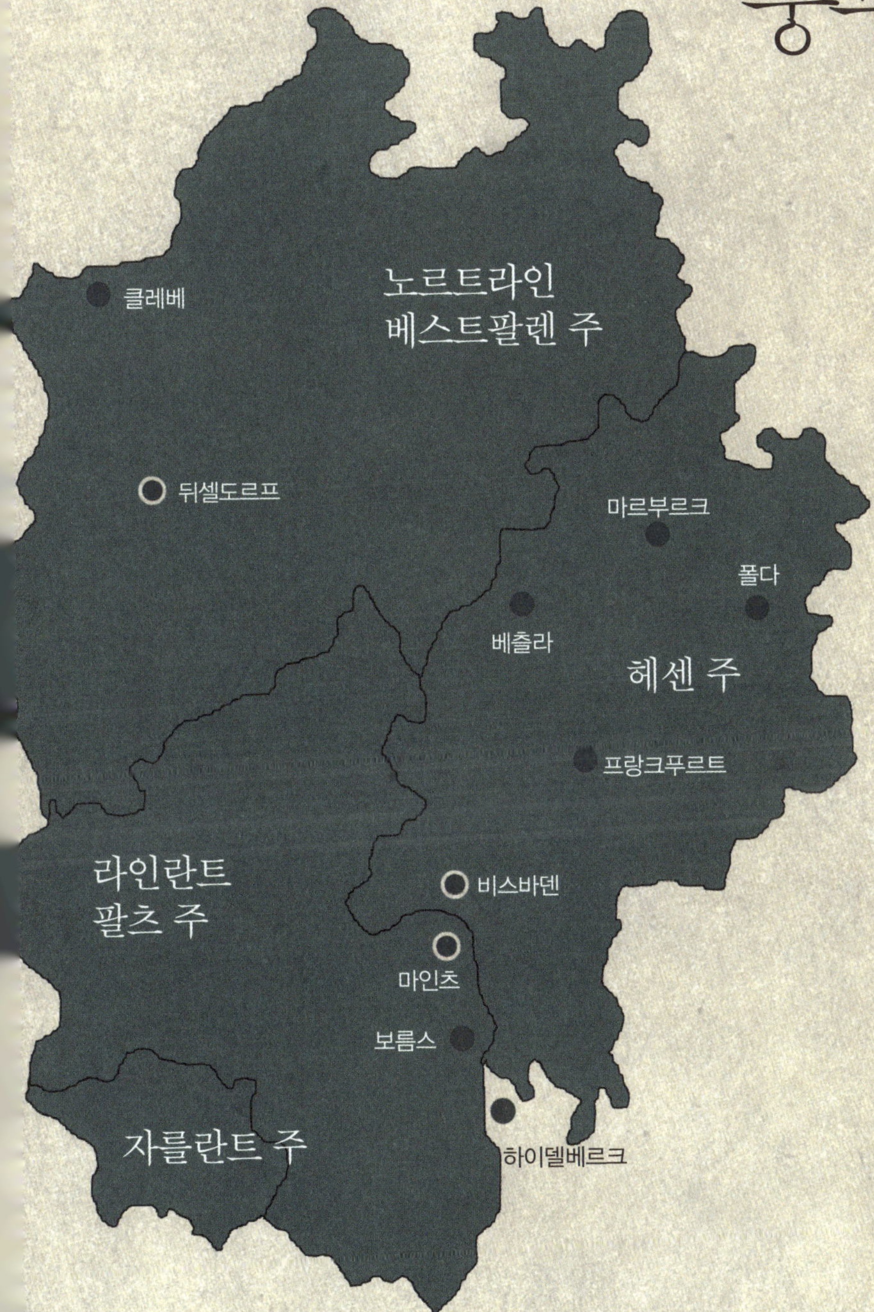

노르트라인
베스트팔렌 주
클레베
뒤셀도르프
마르부르크
풀다
베츨라
헤센 주
프랑크푸르트
라인란트
팔츠 주
비스바덴
마인츠
보름스
자를란트 주
하이델베르크

하이델베르크, 고성 테라스와 넥카 강변

하이델베르크 시절

19세기 유럽에는 낭만주의가 널리 확산되었다. 로맨틱, 낭만적이라는 말은 남녀의 사랑 같은 것을 뜻하던 게 아니라, 향토적이고 토속적인 분위기를 주는 옛날의 기억과 흔적을 내포하여 역사적이란 의미를 가진다. 그래서 독일 전래동화 수집가로 유명한 그림형제는 독일 문학사에서 대표적인 낭만주의 작가로 꼽힌다. 독일 민중에 널리 퍼져 있던 설화와 민담이 그림동화 작품의 원천이었다. 그런 측면에서 그림형제의 동화가 낭만주의 사조와 결부되는 의미를 쉽게 이해할 수 있다. 예나(Jena)에 둥지를 틀었던 초기의 독일 낭만주의는 이어 하이델베르크를 중심으로 그룹을 이루었는데, 브렌타노, 그림형제를 포함한 이들을 '하이델베르크 낭만파'라고 부른다. 비슷한 시기의 괴테, 실러 같은 고전주의 작가들과 달리 낭만주의 작가들은 서로 의지하고 뜻을 공유하며 작가나 화가는 물론 예술애호가들까지 서로 어울려 장르를 넘나들며 자유로운 활동을 했다.

마인츠 기차역

프랑크푸르트 공항에 도착했다. 유학시절, 어리벙벙하게 독일에 첫발을 내딛던 날이었다. 나를 데리러 나올 사람은 없었다. 같은 비행기를 타고 온 많은 유학생들은 각자 마중 나온 사람을 따라 뿔뿔이 흩어졌다. 공항 전철역에 혼자 남겨져 내가 가야할 곳으로 타고 갈 기차는 어디 있고, 또 거기까지 전철은 어떻게 타야 할지 표는 어디서 사야 하는지 가르쳐줄 수 있는 도우미도 없었다. 어떻게든 공항에서 마인츠 역으로 가야 했다. 전철을 타고 얼마동안 가서 마인츠에 내리면 되는데, 뭐가 일이 안되려니 그랬는지 한참을 잘 가다가 공연히 내려야 할 것 같아 부리나케 내린 곳은 마인츠에 못 미친 작은 시골 역이었다. 플랫폼에 혼자 덩그러니 서서 아무 생각 없이 다음 차를 기다리며 한심스러운 나 자신을 돌아보던 생각이 난다.

마인츠는 프랑크푸르트와 지척 간에 있고 기차나 전철 교통으로 보자면 쌍둥이 같은 곳이지만, 도시 성격은 많이 다르다. 프랑크푸르트는 상업과 금융 도시로 예로부터 활발한 상업이 일어나 부유한 상인 출신의 시민계급이 많은 도시였고, 마인츠는 추기경에 의해 통치되던 오랜 구교 지역의 중심지로서 완전히 다른 분위기였다.

이탈리아는 물론이고 오스트리아와 스페인은 전통적으로 구교 국가다. 덴마크, 네덜란드, 스웨덴, 노르웨이 같은 곳은 신교 국가이며, 영국은

마인츠 기차역(고대 로마 원형극장 유지)

영국국교회 체제였고, 프랑스는 워낙 신교와 구교 간 충돌이 심했던 전력이 있었지만 구교 국가였다. 이처럼 유럽의 각 나라는 전통적으로 구교와 신교 국가로 구분된다. 그러나 독일은 같은 국가 내에서도 지역별로 구교 지역과 신교 지역이 구분된다. 프랑크푸르트와 마인츠는 서로 지척의 거리에 있는 같은 지역 문화권이면서도 각각 신교와 구교 도시였고 완전히 다른 자치권을 가지고 있었다. 그런 연고로 해서 두 도시는 서로 완전히 다른 경관을 가지게 되었다.

알고 보면 모르되 첫인상으로 보자면 바로 인접한 두 도시지만 프랑크푸르트나 마인츠는 서로 특이한 모습을 하고 있다. 그게 독일이다. 아무튼 마인츠는 천년의 세월을 이어오며 수도원을 중심으로 중세 이래로 교회의 중심지이자 중요한 교구의 중심도시로 이어져왔다. 뿐만 아니라 세월을 더 거슬러 올라가자면 고대 로마제국 시대의 중심도시로서 명맥을 이어온 독일 내 가장 오래된 도시 중 하나로 꼽힌다.

마인츠는 다른 오래된 중요한 도시들이 거의 그렇듯이 오랜 세월이 지나는 동안 많은 풍상을 겪었다. 도시의 역사로 따져 가장 중요한 사건이라면 18세기 말 '마인츠 전투'를 꼽을 수 있다. 프랑스혁명 이후에 전개된 유럽 전역 복잡한 함수관계의 여파로 마인츠는 프랑스 혁명군에게 점령되어 있었다. 그걸 되찾기 위해 결성된 독일 연합군은 마인츠를 외곽으로부터 완전히 포위하여 점령군을 고립시켰고 대대적인 포격과 함께 공성전(攻城戰)을 벌였다. 당시 전개된 엄청난 포격전으로 인해 도시 전체가 파괴되었고, 전투 피해 못지않게 이어지는 엄청난 사회적인 변화의 움직임 속에서 마인츠는 엄청난 혼돈 속에 빠져 들었다.

독일의 문호 괴테는 중년 시절 마인츠 전투에 참여했다. 전투요원이 아니라 바이마르의 주군 카를 아우구스트 공작을 수행하여 마인츠를 포위하여 탈환하려던 연합군의 일원으로, 평화협정을 맺으면서 프랑스군이 퇴각하던 시점까지 줄곧 이 전투의 양상과 현장을 살폈다. 그리고 그로부터 수십 년이 지난 그의 노년기에 그 때의 경험과 생각들을 묶어 책으로 펴냈다. 그 책이 바로 괴테의 『마인츠점령기』다.

괴테의 『마인츠점령기』는 포격 장면, 평화조약이 체결되어 퇴각하는 프랑스 군과 마인츠 시민들 간의 팽팽한 긴장감이 감도는 장면 그리고 폐허가 된 마인츠와 그 주변 일대에 대하여 당시의 전황과 사소한 일들을 포함하여, 여러 일들이 일어난 사건의 현장도 직접 찾아가 볼 수 있을 정도로 아주 상세히 다루었다. 재작년 나의 유럽 여행 목적지는 마인츠였다. 딩연히 배낭에는 이 책이 들어 있었다.

하이델베르크의 기억

하이델베르크 성

1982년, 유학길에 올랐던 때의 나는 막 서른을 넘긴 나이였다. 내달려간 독일 땅은 녹록치 않았다. 우여곡절 끝에 자리 잡은 곳은 공립의 기숙어학원이었다. 어학원은 하이델베르크 성에서 슬리퍼를 끌고 가도 5분 정도 걸리는 거리에 있어 그냥 밥 먹고 산책 겸 가 볼 수 있을 정도로 가까운 곳에 있었다. 성은 수백 년 전에 포격을 받아 폐허가 되다시피 한 상태로 보존되어 있었지만, 오히려 그 때문에 오늘날 더 흥미로운 관광지로 사랑을 받게 되었다. 거기에 더해 1950년대에 나온 뮤지컬 영화 〈황태자의 첫사랑〉이 낭만이 흐르는 도시의 명성에 한층 불을 지펴놓았다.

성으로 오르는 길은 만만하게 오를 수 있는 곳이 아니었다. 산 중턱까지 비탈을 따라 오르는 길은 일상적으로 편히 오르내릴 경사도를 넘어서 고난스러운 길이었다. 나로서는 거의 일상적으로 오르내려야 하는 길이어서 더 고역이었다. 이를테면 시내에 내려가 장을 보거나 볼일을 보고 학원 기숙사까지 오르려면 상당히 난감해진다. 일주일에 최소 두세 차례 오르

하이델베르크 시내 보행자도로

내려야 하기 때문에 흠이라면 흠이었다.

시내 보행자도로에서 성이 있는 쪽으로 올려다보면 짙은 숲을 이룬 산 중턱에 여러 개의 아치구조를 한 거대한 옹벽이 보인다. 성이 폐허가 되기 전 이곳 영주가문이 한창 힘을 가지고 있던 즈음에 조성된 이탈리아 르네상스 양식의 화려한 정원이 있던 곳이다. 비탈진 곳을 노단식으로 테라스를 이루어 그 위에 정원을 조성했는데 거대한 옹벽은 그때 노단을 만들기 위해 축조된 것이었다. 지금 그곳에는 넓은 잔디밭과 군데군데 잘 자란 오래된 교목들이 넓게 그늘을 주는 한적한 공원의 녹지가 되어 있다. 테라스 옹벽 왼쪽 위 숲 위로 솟아나 보이는 건물이 기숙어학원이었다.

하이델베르크의 기억은 여러 갈래로 존재한다. 하이델베르크에 대한 나의 기억 속에는 가파른 오르막길, 높게 옹벽처럼 쌓아올린 길옆으로 끝없이 이어진 고행 길도 큰 몫을 차지하고 있다. 고성과 정원이었던 넓은 테라스 그리고 그 아래로 펼쳐지는 하이델베르크 구도심이 이루는 비스듬한 조감도의 골격이 뇌리를 떠나지 않는 것은 언제 어디서든 필요한 만큼 기억 바깥으로 뛰쳐나올 잠재기억으로 자리 잡고 있음에 분명하다.

유명한 관광지일수록 현대 도시공간 속을 오가는 주민의 몫은 도외시되곤 한다. 현대 도시 하이델베르크는 관광특구 혹은 관광일번지가 된 구도심과 그곳을 잠시 벗어난 외곽에 별천지처럼 펼쳐진 하이델베르크 시민들의 일상 공간이 펼쳐지는 곳으로 이루어져 있다. 구도심에는 관광객들의 눈을 끄는 폐허가 된 언덕 위의 성은 물론이고 도심 한가운데 자리 잡은 수백 년 역사를 가진 하이델베르크 대학 역시 중요한 탐방지로 빼놓을 수 없다. 거기는 현재의 대학 캠퍼스이기도 하다. 물론 상당한 시설과 기능은 구도심 외곽이나 아예 멀리 바깥으로 나가 있다. 워낙 독일식 대학이란 게 뚜렷이 캠퍼스를 이루고 정문이 있고 이런 개념이 아니다. 시내 곳곳 무슨 가정집 같은 곳에 명함 크기로 붙여놓은 무슨 연구실, 어느 교수 연구실 같은 팻말들을 만나는 것도 전혀 이상한 일이 아니다. 대학 속에 도시가 있는지 도시 속에 대학이 끼어들어 있는지 통 구분이 되지 않는다. 이런 것들 역시 관광여행자들한테는 신기하고 재미있는 모습이 될 수 있겠다. 물론 대부분의 유명한 역사도시, 인기 있는 관광지가 거의 그렇

하이델베르크

긴 하지만 엄연히 거기는 현대를 살아가는 시민들이 생활공간이 있기 마련인데, 관광여행을 하다 보면 나도 모르게 그 사실을 잊는 경우가 많다. 현대의 살아 있는 하이델베르크 역시 그런 유명세에 가려 희생되는 도시에 속한다. 일부러 현대적 삶을 찾아 주거지 한가운데로 찾아들 것까지야 없더라도 도심 언저리에서라도 현대 도시의 하이델베르크를 만나려 해 보는 건 수준 높고 의미 있는 여행자의 태도가 될 수 있다.

황태자의 첫사랑

유학길에 올랐던 것은 큰아이 첫돌이 되기 한 달 전이었다. 아내도 아이도 남겨놓고 혼자 훌쩍 떠났다. 나는 심신이 쇠약해져 있었다. 괴테가 젊은 시절 그랬다던가, 『이탈리아 기행』에서 밝힌 것처럼 더 이상 어쩔 방도를 찾지 못하고 도피하듯 모든 걸 다 내던지고 아무도 몰래 새벽에 가방 하나 챙겨들고 훌쩍 이탈리아로 내달렸다고 했던 그런 심정이었을지 모른다. 우발적으로 그런 건 아니었고, 우발적으로라도 도피할 수 있는 입장도 아니었다. 아무튼 부모 형제 그리고 처자를 모두 남겨놓고 모든 걸 다

폐허가 된 하이델베르크 성

하이델베르크 시내 조감

하이델베르크 대학

팽개치고 오른 유학길이었으니 도피치곤 대단한 도피였던 셈이다. 주위의 일가친척도 가까운 친구들도 하나같이 나의 행동을 이해하지 못했지만, 부모님도 누나도 동생도 그리고 아내도 나를 말리지 않았다.

어학원 수업이 끝나면 산보 삼아 하이델베르크 성으로 나가곤 했다. 폐허가 된 채로 거의 방치하다시피 해 둔 모습으로 널려 있지만 낮 시간에는 각국에서 몰려드는 관광객들에 가려 옛 성의 매력을 제대로 느낄 수가 없다. 약간 붉은 색조의 조명이 붉은 사암의 성벽을 비추는 밤에 나가 보면 하이델베르크 성 일대는 귀곡 산장을 방불케 하는 분위기에 휩싸인다. 한때 루이 14세 시대, 프랑스와 왕위계승과 상속문제가 얽혀 두 나라 간에 전쟁이 있었다. 산 너머로부터 프랑스군의 포격에 폭약을 저장해 둔 화약고가 터지면서 어마어마한 두께의 탑 한쪽이 무너져 내렸다. 벌써 몇 백 년 전의 일이지만 아직 그걸 그 상태로 둔 것이다. 역사유적을 원형 그대로 보존하는 데 이만큼 기막힌 방법이 있을까.

영화 〈황태자의 첫사랑〉은 황태자와 술집 아가씨의 사랑이야기가 낭만적인 고도의 분위기 속에서 펼쳐졌고, 테너 마리오 란자의 미성에 실린 주옥같은 노래들이 곁들여져 관심의 대상이 되었다. 황태자가 유학한 곳이 하이델베르크 대학이었고, 영화의 무대는 하이델베르크 대학과 대학생들이 즐겨가는 근처 술집이었다. 하이델베르크가 관광명소로 유명해진 것은 오랜 역사가 있는 대학과 도시 그리고 그런 영화에서 풍기는 아련한 낭만적인 분위기에 폐허 상태로 보존해 놓은 고성의 이미지가 더해졌던 관계였을 것이다.

1800년대 초, 낭만주의가 유행하던 초기 시절, 하이델베르크에 낭만주의 작가들이 둥지를 틀었다. 그들을 하이델베르크 낭만파라고 부른다. 아마도 그런 하이델베르크 낭만주의 작가들의 모임이었을 것 같은데, 작가 브렌타노와 화가 싱켈은 '이야기로 만들어진 스토리를 그림으로 그려낼 수 있는가?'라는 문제를 놓고 내기를 했었다.

> 어느 강변의 언덕에 고성이 하나 있다. 성주와 가족이 모두 떠난 성에는 성지기 노인만 남아 있었다. 그리고 또 한참의 세월이 지나 이 노인마저 세상을 뜨자 마을 사람들은 노인을 강 건너 기슭 양지바른 곳에 묻어 주었다. 이제 아무 인적도 없는 성에는 나무와 잡초가 무성해갔고 간간이 산짐승들만 한가로이 찾아들게 되었다.
>
> (독일낭만주의회화 전시목록집)

브렌타노의 이야기는 낭만주의 사조의 대표적인 특징이 고스란히 담긴 특유의 분위기를 만들고 있다. 싱켈은 이 분위기를 그림으로 훌륭히 그려낼 수 있었을까? 싱켈은 건축가이자 화가로 활동하였다. 그리고 브렌타

싱켈 〈강가의 성〉(1820년작)

노가 제시한 이 같은 이야기를 한 폭의 그림으로 그려냈는데, 싱켈의 대표작으로 꼽히는 〈강가의 성〉이란 작품이 그것이다.

싱켈의 그림을 들여다보면 브렌타노가 이야기하고 싶었던 느낌을 기막히게 표현해 냈다 싶다. 옛 성으로 접어드는 작은 입구, 초병이 있던 초소가 나무 그늘에 희미하게 숨어 있고 가파른 암벽에는 바위틈에 깊이 뿌리를 박고 자란 나무가 무성한데, 입구 마당으로 사슴 한 마리가 조심스럽게 발을 들여 놓고 있다. 그 너머로 높은 언덕 위에 듬직한 모습으로 성이 올려져 있는 게 보이고, 오른쪽 아래로는 가파르게 깎아지른 비탈면과 순찰길과 포를 설치했을 법한 테라스들이 갖춰진 성벽이 있다. 다시 그 아래

한참 떨어진 곳에 원경으로 흐릿하게 보이는 강과 강변의 도시며 강 건너 언덕에 의지하여 있는 교회며 작은 십자가가 꽂혀 있어 묘지일 듯 짐작이 가는 것도 보인다.

모두가 세심하게 구성되어 화폭 가득히 펼쳐지는 예스럽고 한적한 경관이다. 이런 그림이 만들어지기 위해서는 얼마나 풍부한 상상력이 받쳐주어야 할까? 얼마나 풍부한 상상력을 갖추었기에 이토록 생생하고 리얼한 표현이 될 수 있었을까?

정말 그럴까, 정말 화가는 자신의 상상력을 동원하여 폐허가 된 고성과 사람이 떠나간 뒤의 성 그리고 그와 같이 쇠락해가는 모습의 도시와 자연을 자신의 상상력만으로 그토록 생생하게 그려낼 수 있었을까? 아무리 훌륭한 화가라 하더라도 그럴 수는 없다. 어디서 어떻게든 본 적이 있었거나 어떤 영감을 통해 어느 현장에서 기막힌 모티프를 찾아냈거나 그런 일이 필히 결부되기 마련이다. 생각이 거기에 미치면서 얼핏 떠올려본 곳이 하이델베르크다.

하이델베르크의 고민

어학코스에 들어간 지 얼마 되지 않은 학기 초, 입학기념 겸 시내 관광 및 현장실습 겸 작은 투어가 있었다. 하이델베르크 곳곳을 돌며 도시 역사를 이야기해주는 그런 프로그램이었다. 내가 설명의 대부분을 이해하자 주변 친구들은 나를 보고 천재라고 했지만, 사실 그 부분은 내 전공분야였기에 이해한 것이지 독일어 설명을 알아들은 건 절대 아니었다. 어쨌든 시내에서 옛 성채가 있는 가파른 언덕으로 올라가는 입구 언저리쯤에 광장이 하나 있는데, 원래 그 자리에는 중세시대의 작은 예배소가 있었다고 했다.

하이델베르크, 광장의 예배소 유지 모습

1982년, 이 광장의 예배소 복원문제를 두고 10년도 넘게 논의가 계속되고 있다고 들었다.

오랜 논의를 할 수밖에 없었던 것은, 원래 거기 있던 예배소도 오랜 역사를 지닌 유적이었지만, 그곳의 광장 역시 이미 적지 않은 세월 동안 도시경관 상으로나 성으로 올라가는 입구 광장으로나 상당히 중요한 역할을 하면서 예배소 못지않은 역할을 해 왔던 점을 감안하면, 광장 역시 무시할 수 없는 역사적 가치를 가지고 있었기 때문이다. 고민스러운 것은 이들 예배소와 광장 둘을 함께 공유할 수 없다는 사실 때문이었다. 어떻게 유적지를 보존하는 것이 현장을 잘 유지시키는 것일까?

하이델베르크에서는 유적지 관리에 관한 일반적인 궤도에서 잠시 벗어난 특이한 사례를 남겨주었다. 작은 광장 하나를 두고 고민을 해왔던 것은, 그냥 몇 년 정도가 아니라 내가 알고 있는 것만으로도 20~30년 정도 된다. 일반적으로는 역사적인 두 층이 서로 중첩된 경우, 더 가치 있다고 판단되는 대상을 존치한다는 원칙에 입각하여 처리한다. 이런 경우 특별한 일이 없는 한 더 오래된 유적을 우선시하게 된다. 그러나 하이델베르크의 고민은 이런 일반적인 원칙에 얽매이지 않고 예배소 유지를 발굴하여 그 위에 옛 모습대로 복원을 할 것인가, 아니면 현재의 광장을 그대로 유지하여야 할 것인가의 결정 때문에 생긴 것이었다. 둘이 함께 공존할 수 없기에 생긴 고민이었다.

역사적인 층위 개념에서 보자면 예배소 복원이 우선이겠지만, 광장 역시 그 역사가 최소 200년은 될 법하고, 오랜 세월 동안 역사지구에서도 중심이 되어 있는 도시 광장의 기능 역시 중요한 유적이였기 때문에 어느 것에 상위의 가치를 두어야 할지 쉽게 결정을 내릴 수 없었던 것이다. 쉽게 결정을 내리지 못한 게 아니라 어느 쪽으로든 섣불리 성급한 결정을 내리지 않고, 길고 진중한 논의를 하고 있었다는 게 더 어울릴 것 같다.

어학코스를 마치고 하이델베르크를 떠난 지 한 20년은 지났을 몇 해 전이었다. 한 달간의 긴 여행 끝머리에 하이델베르크에 들렀다. 뚜렷이 뭔가 할 일이 있어서가 아니라 3박 4일 동안 지루할 정도로 빈둥거려 보리라 마음먹고 옛날에 살던 동네를 찾아간 것이다. 정말 아무 생각 없이 온갖 잡동사니들로 가득 찬 머리를 비워버려도 좋을 것 같았다. 휴지통, 간혹은 비워주면 좋을 건데 그게 귀찮아서, 혹은 비운다는 자체를 거의 인식하지 못하고 지나치는 하루하루, 아무런 계획도 세우지 않고 그냥 며칠을 빈둥대며 보내다가 후다닥 공항으로 가서 비행기 타고 빨리 집으로 돌아가리라, 뭐 그런 거였다.

보행자거리가 된 도심 거리를 거닐면서 예나 지금이나 정말 변한 게 없다는 생각을 했다. 문제의 광장이 가까워지자 '그냥 빈둥거리리다'라고 마음먹었던 게 흔들리기 시작했다.

오랜 복원 논의가 어떻게 되었는지 몹시 궁금했다. 광장 언저리에서부터 우뚝 솟은 눈에 띄는 뭔가가 있나 싶어 주의 깊게 보았지만 별다른 게 세워진 것 같지는 않았다. 복원하지 않기로 한 것인지 여전히 결정을 내리지 못하고 있는 것인지, 아무튼 그때까지도 예배소는 복원되지 않고 있음이 분명했다.

원래 검은 돌로 포장되어 있는 광장 바닥에는 불규칙한 모습으로 폐곡선을 만들며 새하얀 돌로 문양을 이루어 포장되어 있고 그 한쪽 바닥에 그 사연의 문구를 새겨 넣은 작은 동판이 깔려 있었다.

> "이 자리에는 1557년까지 13세기 말에 건립되었던 수도원예배소가 있었다."

이런 방식이라면 광장과 예배소, 둘 모두를 취할 수 있는 묘책이라기보다는 서로 합의를 볼 수 있는 합의점을 찾은 것이라고 볼 수 있겠다. 광장의 기능을 잃지 않으면서 예배소의 자리를 보존 해두고, 또 적당한 명분을 삼자면 '후대가 풀 숙제'로 남겨두는 계책이었겠다.

역사유적지 보존방식,
유태교회 유지

바이마르

라이프치히

이런 유사한 예들은 다른 여러 곳에서도 적지 않게 만날 수 있다. 일률적이지 않고 각 도시마다 모두 저마다의 사정에 따라, 시민들의 여론에 따라 각각 자기 고장에 적합한 방식의 결론을 이끌어 간 것이기에, 나름 해결한 방식들도 같지 않다.

마인츠의 도심 한가운데, 최근에 지은 듯이 보이는 작은 아파트 단지가 있고, 아파트의 중정처럼 보이는 공터에 옛날 공중목욕탕에서나 볼 수 있을 법한 나무물통과 비누 거품을 형상화한 놀이터가 조성되어 있다. 중세시대의 공중목욕탕 유지가 있던 곳이다. 아파트 단지의 중정처럼 보일 만큼 바로 인접해 있는 것으로 봐서, 재개발을 하던 중에 이 유지가 드러났을 수도 있겠다 싶었다. 아파트 개발을 하되, 이 유지는 공중목욕탕의 형상과 놀이터 겸 중정이 되도록 의도한 것이다.

도심을 벗어나 한참 외곽으로 나간 곳, 라인 강이 바로 내려다보이는

하이델베르크, 유태교회 유지

강변 가까운 곳에, 마인츠 폴크스파크(Volkspark)가 넓게 조성되어 있다.

폴크스파크는 19세기 후반, 유럽 전역에서 귀족사회로부터 시민사회로 전환되는 정세에 따라 시민들의 건강과 안녕을 목적으로 운동과 휴식을 할 수 있는 대규모 녹지를 조성한 국민공원으로, 현대의 도시공원과 같은 성격이다.

폴크스파크 한쪽에는 성벽 포대가 설치된 성곽 일부 구간이 복원되어 있다. 중세부터 라인 강의 중요 길목을 지키던 방어요충지로 이중 방벽이 설치되었고, 방벽과 방벽 사이에는 움푹 파인 골을 이루고 있는데, 거기에 포가 일렬로 설치되었던 모양이다. 원지형과 성벽과 방벽 그리고 출입이 가능한 암문 형식의 구조가 드러날 만한 정도의 최소한의 구간만을 복원해 두었다. 그 일대의 넓은 풀밭에 조성되어 있는 폴크스파크를 방해하는 것도 아니고 오히려 폴크스파크의 색다른 볼거리를 제공하는 소재가 되기도 하면서 이곳의 역사성을 가미한 장소의 의미를 더해준다. 마인츠의 공중목욕탕이나 폴크스파크의 성터를 복원해놓은 것처럼 유적지를 바탕으로 그 위에 현대적 의미를 지닌 시설이나 조형으로 처리하는 것 같은 경우들은 우리나라에서도 어렵지 않게 만나 볼 수 있다.

독일이 통일된 직후, 옛 동독 지역이었던 바이마르 도심 한가운데 괴테하우스 바로 앞 광장 일부에는 최근 조성된 넓은 녹지가 있다. 그 한쪽에 덩굴을 올린 구조물을 세웠는데, 그 모습이 참 기이하다. 철골로 3~4층 건축물 정도 높이의 구조물을 설치하여 삼분의 이 정도 높이에 X자로 트러스를 엮어 고정시켜 놓았고, 기둥 뿌리쪽에 덩굴을 심어 올렸다. 그늘이 드리워지는 덩굴 아래에 벤치를 여럿 가져다 놓아 명실 공히 도심 소공원의 역할을 충실하게 해 놓았다. 철골로 올린 구조물은 덩굴을 올린 그늘집으로는 너무 과하다.

원래 그 자리에는 수녀원이 있었다. 그간 오랜 세월에 따라 여러 차례 부침이 있었다. 16세기에 종교개혁이 있었고 신교지역이 된 곳에서는 수도원, 수녀원들이 소위 '세속화'되면서 폐쇄되거나 용도가 달라지는 과정을 겪었다. 바이마르의 수녀원도 세속화되고 제2차 세계대전과 동독시절을 지나는 동안 그 유지조차 남김없이 없어진 것이다. 덩굴을 올린 구조물이 너무 과도했던 것은 그 자리에 있던 수녀원의 외벽 형상을 재현하게 하려던 계획의도였다. 오랫동안 있어 왔던 도시 광장 기능을 해치지 않으면서 동시에 최소한의 한도에서 수녀원을 재현한 것이었다. 중첩된 역사유적지에서 어느 하나의 복원에 치중하던 방식에서 층간의 유적들을 모두 다루는, 하이델베르크식 방식에서 한 걸음 더 나아간 해법이라 여겨진다.

X자 트러스를 엮어 놓은 장치가 예사롭지 않았다. 만약 저기까지 덩굴이 올라가 뒤덮는다면 어떻게 되지? 이 그늘집을 계획하면서 거기까지 의도한 걸까? 아마도 거의 그럴지도 모른다며 혼잣말을 했다. 겨우 내 허리 높이 정도 올라온 키로 봐서 덩굴은 겨우 두 해 전에 심은 듯 했다.

바이마르는 그 후로도 몇 차례 갈 일이 있었다. 그늘집에 올려놓은 덩굴은 그때마다 놀라울 정도로 철골 구조물을 타고 올라 X자로 엮어둔 고정 장치마저 뒤덮어가고 있었다. 완벽하게 드러나는 그늘집 아래의 공간. 그것은 공원의 쉼터고 그늘집일 뿐 아니라, 덩굴로 뒤덮힌 X자 트러스 아래로 드러나는 옛 건축물의 천정까지 지혜롭게 재현되어 나오고 있었다. 매우 지혜로운 복원 계획이었다.

하이델베르크에는 이런 경우도 있었다. 주택가와 대학 캠퍼스가 묘하게 얽혀 있는 동네 한가운데에 소담하게 눈에 띄는 소공원이 있었다. 보통 포켓파크라 부를 정도의 작은 규모였다. 즉 소공원 치고도 아주 작은 규모로, 동네 한가운데 자투리땅을 활용해 조성해 놓은 작은 녹지를 포켓파크(Pocket park), 혹은 베스트파크(Vest park)라 부른다. 아무튼 하이델베르크의 포켓파크는 옛 유태교회가 있던 곳이었는데, 제단 정도만 복원하였다. 기둥이 있던 자리에는 가로 세로 높이가 각각 30센티미터가 되는 육면체의 작은 조명등을 가져다 놓아 최소한의 윤곽을 나타내 보이고 나머지는 빈터 그대로 두었다. 거기에 플라타너스 몇 그루로 넓게 그늘을 주어 옛 유태교회 유지는 훌륭한 주택가의 작은 공원으로 거듭나게 된 것이다.

옛 유적지를 돌아보면서 그곳에 있었던 옛일을 돌이켜보거나 옛날의 역사를 뒤돌아보는 것은 의미 있는 일이다. 하지만 어느 정도 전문가 수준의 마니아라면 모를까, 보통은 그냥 옛날의 색다른 광경이 궁금해서 가 보는 것일 수 있다. 복원을 한 유적지에 가 보면 그곳의 예스러운 분위기 같은 것을 짐작하기 어려울 정도로 너무 깨끗하게 정비를 해두어서 불만스러운 경우가 있다. 유럽에서는 안전처리 정도 최소한의 조치만 해 두고는 부서지고 허물어진 상태조차 역사적인 흔적으로 삼아 놓고 유적지의 방문을 의미 있게 해 주는 경우가 드물지 않다.

하이델베르크가 광장 바닥에 유적지의 기초와 외벽의 윤곽을 포장문양으로 처리한 것은 광장의 기능을 유지하면서 유적지의 존재를 나타내 보이려 했던 것이다. 이런 것도 문화유적을 보존 관리하는 하나의 방안일 수 있다. 더욱 중요한 것은 그런 방식을 적용한 사례라는 게 아니라 거기까지 오는 동안 얼마나 많은 고민과 논의가 있었나 하는 것이다. 그런 진중한 논의 덕분에 마인츠 수준의 유지 보전이나 하이델베르크 방식의 차선책, 그리고 바이마르의 지혜로운 그늘집 방식 등 그 지역의 사정에 가장 잘 적응한 다양한 해법들이 나올 수 있다.

군주의 양식 바로크,
카를스루에 슐로스파크

바로크시대는 절대군주의 시대였다. 유럽의 군주들은 중세시대의 옹색한 산상(山上)의 성채를 벗어나 광활한 평지에 궁을 건설하고 대대적인 궁원을 조성하였다. 구교 지역의 추기경들은 또한 각 관할지역의 영주와 같은 입장에서 종교개혁으로 훼손된 구교의 권위와 30년 전쟁으로 파괴된 교회와 도시를 재건하고 동시에 약화된 교회권을 회복하며 대중의 마음속에 깊이 신앙심을 불어넣기 위해 많은 영건사업을 펼쳤다. 거기에 딱 들어맞는 양식이 바로 바로크였다.

바로크의 궁과 함께, 궁을 더욱 화려하고 장엄하게 해주는 필수요건

카를스루에 궁원

카를스루에 궁원

은 정원이었다. 그즈음 조성된 정원을 바로크 정원이라 부르기도 하고, 끝없이 대지 위를 수놓은 기하학적 문양의 형식상 특징을 따서 평면기하학식 정원이라 부른다.

프랑스의 루이 14세는 절대왕권의 쟁취와 함께 베르사유 궁원과 같은 대대적인 정원으로 절대왕권의 표징을 내세웠다. 베르사유 궁전을 건설하면서 몇 가지 노림수를 썼다. 복잡하고 답답한 도심으로부터 벗어나 넓은 대평원을 찾아 광활한 궁원을 만들고, 궁원과 일체가 된 기하학적 도형의 연장선상의 도시를 만들어 절대적인 힘과 권위를 표출하려 했다. 그뿐 아니라 귀족 관료들을 모두 궁에 들어오게 하여 연회와 향락을 제공함으로써 왕에게 반기를 들 힘이나 여유를 빼앗아 강력한 왕권 중심의 통치체제를 완성하였다. 이 과정에서 루이 14세는 베르사유의 대사업을 활용한 것이었다.

베르사유는 파리 도심에서 벗어나 원래 광활한 수렵장이던 곳에 벌인 대규모 토공 사업이었다. 아직 다듬어지지 않은 늪지가 가득하여 당시 상황에서 보자면 황폐지에 가까운 수렵장 숲에 궁과 궁원 그리고 새로운 도시가 건설된 것이었다. 궁원에서 이어지는 방사선이 연장되어 도시의 가로와 전체 골격의 형태를 갖추어 감으로써 베르사유는 궁과 궁원 그리고 도시가 하나가 된 모습을 이루었다.

베르사유의 정원과 궁 그리고 루이 14세의 기막힌 전략에 고무되어 유럽 각국의 군주들은 앞다투어 기존의 중세 성을 바로크 궁과 궁원으로 고쳐 건립하거나 원래의 터전을 떠나 새로운 신도시를 세우며 절대군주로서 위용을 과시하는 새로운 행위를 벌인다. 베르사유 방식으로 궁과 정원을 조성한 곳들로 아예 신도시를 건설하여 일체를 이룬 곳으로는 남부 독일 카를스루에와 함께 북부 독일의 하노버 헤렌하우젠 궁원이나 베를린 샬롯텐부르크가 있다. 그중 카를스루에는 이 모델을 가장 충실하게 따른 도시였다. 원래 카를스루에 왕가는 인근의 두를라흐(Durlach)에서 산상의 성채에 웅지를 틀고 있다가 18세기 경, 삼림으로 가득 찬 언저리의 라인강 지류 넓은 들판 한가운데에 궁을 옮겨 짓고 도시와 정원을 새로 조성하였다.

르네상스에서 비롯된 근대유럽의 문화예술이 프랑스에서 꽃피운 절대군주를 위한 형식미라는 의미와 결부되면서 바로크적으로 변형되어 화려하고 장엄한 모습의 건축 형식으로 나타나게 되었다. 건축공간을 벗어나 건축의 외부로 나온 시선은 장대하고 화려한 형식의 기하학적인 문양에 무한으로 이어져가는 가로 세로 방향, 대각선 방향으로 펼쳐져가는 축과 축으로 이어지는 시선이 함께하는 바로크 정원으로 형식화되었는데, 카를스루에 이르러 급기야 도시의 문양을 이루게 된 것이다.

카를스루에는 도시계획 역사에 반드시 등장할 정도로 그 형상이 매우 독특하다. 궁의 첨탑으로 모든 기하학적 도형의 중심점을 삼고 그로부터 동심원과 방사선을 그어 사방으로 햇살이 퍼져 나가듯 가로망이 뻗쳐나간다. 원이 교차하는 선과 점을 따라 남쪽의 120도 범위에 궁과 귀족의 저택 그리고 시민계급의 주거지가 반듯하게 놓였다. 카를스루에의 독특한 점은 그런 도시공간보다는 나머지 240도 범위로 궁 주변을 둘러 있는 정원과 정원을 둘러싼 담장과 출입문을 나서면서 만나는 끝없이 펼쳐지는 도시숲의 존재에 있다. 즉, 궁을 중심으로 남향한 120도 범위의 도시, 그 나머지의 북쪽으로 궁원과 함께 궁원 문을 나서면 곧장 끝없이 펼쳐지는 짙은 삼림지대가 이어지도록 하여 숲과 정원 그리고 궁과 귀족의 주거 및 일반시민의 주거지가 확연히 구획되어 있었는데, 숲 사이로 끝없이 일직선으로 뻗어나가는 수십 킬로미터에 이르는 숲길은 지금도 여전하다.

프랑스 베르사유에서 본격화된 바로크 양식은 장대한 규모와 화려하고 장엄한 형식미를 내보이며 건축 정원 도시에서 절대군주 시대의 전 유럽 군주들을 위한 양식으로 자리잡아갔다. 17세기 중반 30년전쟁을 겪으며 황폐되었던 독일은 그 복구과정에서 전국적으로 바로크 양식이 도입되었다.

카를스루에는 1715년 절대군주 시대에 신도시로 건설되었다. 궁과 궁원은 동심원과 끝없이 뻗어가는 방사선의 도형을 이룬 도시와 도시를 둘러싼 짙은 삼림의 숲이 하나가 되어, 공중에서 내려다본 카를스루에는 강한 인상을 준다. 그런 연유로 카를스루에는 도시계획사에서 반드시 등장하지만, 반면에 불명예도 가지고 있다. 내가 아는 한 카를스루에는 보행자

카를스루에, 남북 중심축선 방향의 전경

카를스루에, 동서방향의 도시 중심가로

도로가 갖추어지지 않은 유일한 독일 도시로 남아 있다. 보행자도로를 만들지 않은 것이 아니라, 도시구조상 어떻게 손을 쓸 수 없기 때문이다.

생활방식은 세월에 따라 바뀐다. 도시는 마치 살아 있는 생명체처럼 성장하고 소멸하며 변화에 유연하게 적응해야 한다. 일찍이 이탈리아의 르네상스 시대에 완전 도형의 형상을 바탕으로 한 도시모형이 제안되곤 했는데, 당시의 그런 도시모델을 르네상스 이상도시라 한다. 그런데 이들 이상도시는 실현되지 못하고 대부분 도상에만 남게 되었다. 최소한의 기본골격을 갖춘 도시가 드물게 있긴 했지만 지속적으로 성장하지 못했다.

도시설계 역사에서 보자면, 카를스루에는 바로크 시대의 군주를 위한 양식을 바탕으로 강한 일체성과 통일성 있는 형태를 갖춘 도시로 건설되었지만, 동시에 르네상스 시대에 제안되었던 이상도시의 전통을 이어받았다. 원과 방사선의 중심에 해당되는 곳은 카를스루에 왕궁의 첨탑이 자리를 잡고 남쪽으로 방사선이 뻗어나간 120도 범위에 도시가 전개되어 있다. 도시를 동서방향으로 가로지르는 대로가 카를스루에의 중심도로이자 구도심을 지나는 유일한 관통도로다. 여기로 모든 도시교통이 집중되고 길 양쪽으로 대형 백화점과 공공시설이 몰려 있다.

일반적으로 보행자도로는 이런 중심도로의 교통을 막고 들어서며 도시교통은 중심부를 피해 우회해가도록 처리되지만, 카를스루에는 우회할 수 있는 여지가 전혀 없다. 원과 방사형의 선형을 바탕으로 한 완전도형의 도시형상은 도시의 유기적 본성에 상치되는 것이었다. 카를스루에는 이상도시와 같은 운명으로, 보행자 중심의 현대적 이상도시로의 변화를 수용해주지 못한 경우가 된 것이다.

카를스루에는 물리적 구조로서는 현대 독일 도시로서 불명예스럽게 되었지만 시민의식은 이를 극복하기에 충분했다. 워낙 도시교통이 집중되던 중심가에는 오늘날, 퇴근시간임에도 불구하고 자가용은 거의 보이지 않는다. 간간이 버스가 지나가기는 했지만, 궤도를 따라 움직이는 전차 외에는 교통량이 거의 없다. 완전한 보행자도로 수준에는 미치지 못하지만 소음도 복잡함도 없는 훌륭한 도심공간을 이루고 있다. 누가 어떤 정책을 내놓았든지 그 성과의 중요한 몫은 모두 카를스루에의 높은 시민의식이었을 것이다.

프랑크푸르트 괴테하우스 라운지

역사도시,
마인츠와 프랑크푸르트

중부 독일에서 여행자를 위한 여행 중심 도시를 꼽자면 단연 프랑크푸르트가 되겠지만, 국제공항을 사이에 두고 프랑크푸르트와 반대방향으로 거의 비슷한 거리에 있는 마인츠도 그 못지 않은 요지다.

중부 독일 여행에서 중요한 안내 역할을 해주는 주제로는 역시 '괴테'를 꼽을 수 있다. 프랑크푸르트는 괴테가 태어난 곳이고, 괴테 생가 박물관도 있지만, 여행자들에게 괴테를 이해할 수 있는 많은 단서를 제공해 주지는 않는다. 오히려 옛 동독 지역의 바이마르, 라이프치히, 예나, 일메나우 같은 도시에서 괴테의 체취를 느낄 수 있다. 바이마르–라이프치히–예나–프랑크푸르트, 일명 '괴테 루트'로 널리 소개되고 있는 테마 여행 루트에 마인츠를 중심으로 한 일대를 포함시키면 보다 많은 괴테의 흔적을 접할 수 있다.

프랑크푸르트 괴테 생가의 곤돌라

삐걱대는 마루와 계단, 창가의 책상, 창으로 스며드는 우윳빛 햇살, 옛날 방식으로 제조된 유리창을 투과해 들어오느라 약간 일그러지게 비쳐오는 바깥의 풍광, 그리고 사람들의 훈기와 흔적. 프랑크푸르트 괴테하우스는 이런 옛날의 것에서 기대되는 것들로 가득 차 있었다. 입구에서부터 반겨주는 깨끗한 라운지, 중정의 작은 정원 같은 현대적 인테리어가 주는 소박함도 곁들여 있었다. 깨끗하게 단장된 프런트와 기념품점 그리고 넓은 홀을 거쳐 잠시 밖으로 나갔다가 작은 중정을 지나 다시 집 뒤편의 쪽문 같은 곳으로 들어오게 되어 있다. 서로 가까이 지내는 이웃이 담장 속 쪽문을 통해 부엌문을 열고 옆집으로 찾아가는 것 같은 색다른 느낌이다.

나무 계단을 따라 한층 한층 올라가며 이 방 저 방의 여러 전시물들을 훑어보던 중 사소한 물건 하나에 눈이 갔다. 손바닥에 올려놓을 정도 크기의 작은 곤돌라 모형, 아니면 장난감이라 해야 할까? 모형이라면 실제와 흡사하게 똑같을 정도로 정교하게 실제의 대상을 축소해 놓은 것이며, 장난감이라면 꼭 그럴 필요까지는 없이 엇비슷한 정도만 되어도 괜찮게 만들어 놓은 것이란 식으로 다소 애매하긴 하지만 모형과 장난감의 차이를 들어볼 수 있겠는데, 전시되어 있는 곤돌라는 모형으로 보기에는 정교하지 않고 장난감으로 치자면 꽤 고급품일 것 같다. 상품으로야 어떻든 중요한건 그걸 가지고 있었던 사람이 누구였느냐, 어린 괴테가 가지고 놀던 장

프랑크푸르트 괴테하우스

난감인가, 대문호 괴테가 애지중지하던 소장품이었던가에 관한 것이겠다.

괴테가 이탈리아를 여행하던 중, 로마를 제외하고는 가장 감동받았던 곳은 베네치아였다. 그래서 베네치아에서 기념으로 사온 것이 아니겠냐고 밑도 끝도 없는 주장을 할 수도 있겠다.

어디선가 괴테 자신의 어릴 적 기억을 적어 놓은 글을 읽은 적이 있다. 괴테의 아버지가 이탈리아 여행에서 기념으로 사와서 애지중지하던 베네치아의 곤돌라 모형이 있었다. 어린 괴테는 그게 그리 궁금했지만 어쩌지 못하고 속으로만 애를 태우고 있었던 모양이다. 아버지가 아들의 그런 마음을 읽고 한번 만져 보라고 해, 정말 뛸 듯이 가슴 벅찼다는 이야기였다. 괴테의 어린 시절을 회고한 곤돌라에 관한 짧은 글, 프랑크푸르트 괴테하우스의 여러 장서와 그림들에 끼어 한쪽 구석에 어우러져 있는 곤돌라는 어릴 적 부친으로부터 한번 만져 보아도 좋다는 허락을 받고는 몹시 감격했던 그 애장품 곤돌라인가 싶다. 그렇다면 이건 장난감이 아니다.

괴테는 프랑크푸르트에서 성장하고 라이프치히 대학에 진학하여 법학을 전공하다 졸업은 스트라스부르크에서 했다. 졸업 후 베츨라에서 수습변호사로 일한 후 바이마르 공국으로 갔으며, 이곳에서 평생을 보냈다. 그러므로 괴테에게 프랑크푸르크는 태어나 성장한 곳이며 괴테의 생가 박물관은 괴테의 부모님이 사시던 집이다. 그들이 살던 모습이 그대로 전시되어 있어, 엄밀히 말하자면 괴테 부모님의 집인 것이다. 결국 괴테에 관한 것으로 보자면, 바이마르에 있는 괴테하우스나 괴테가르텐하우스가 중심이 될 수밖에 없다. 바로 이런 원리원칙이 독일의 방식이다. 그런 연유로 해서 괴테하우스에는 괴테가 어린 시절 부모님과 함께한 삶의 일부만 스며 있는 것이다.

괴테는 분명 프랑크푸르트를 빛낸 인물이겠지만, 프랑크푸르트에 살던 시기의 괴테는 아직 『젊은 베르테르의 슬픔』으로 유명해지기 전이었다. 이후 베스트셀러 작가로 유명해졌지만, 곧이어 바이마르로 갔으니 더 이상 프랑크푸르트와의 인연을 말하기에는 좀 그렇다.

괴테의 바이마르 시절, 바이마르의 카를 아우구스트 공은 마인츠 전투의 지역 사령관이 되어 참전하게 되었다. 괴테는 프랑스 출정에서 돌아온 지 얼마 되지 않아 그때의 아픈 기억과 괴로운 체험 탓에 출정이 내키지 않았으나 별도리 없이 주군을 보좌하여 마인츠의 전장으로 떠난다. 프랑스 출전에 이어 두 번째 참전이었고, 그 기록을 담은 책이 『마인츠점령기』였다.

마인츠는 프랑크푸르트에서 마인 강을 따라 서쪽으로 얼마 떨어지지 않은 곳으로, 마인 강이 라인 강으로 합수되는 지점에 있다. 바이마르를 출발하여 마인츠로 가자면 반드시 프랑크푸르트를 거쳐가게 되어 있다. 임지로 가는 길에 괴테는 프랑크푸르트 집에 들러 부모님을 뵈었다.

"전투 임지로 가는 길에 프랑크푸르트 집에 들렀다."

프랑크푸르트 시의회에서 괴테를 시의원으로 추대하고 싶어 하는데, 네 생각은 어떠냐는 어머님의 말씀에, 그것도 명예롭지만 지금의 자신이 하는 일에 몰두하는 게 옳다고 생각한다고 했다는 등 오랜만의 모자 간 대화도 있었던 모양이다.

베츨라의
샤를로테 부프

베츨라, 샤를로테하우스와 예루살렘하우스

괴테가 『젊은 베르테르의 슬픔』을 발표한 것은 베츨라에서 수습 변호사를 마치고 돌아온 후였다. 이 작품은 곧 베스트셀러가 되었고, 엄청난 인기를 끌며 열풍을 일으켰다. 젊은이들 사이에서는 베르테르를 본뜬 권총 자살 사건이 잦았고, 베르테르의 금발가발과 남색 상의에 노란색 바지 차림이 유행했다. 이러한 현상을 '베르테르 신드롬'이라 부른다.

『젊은 베르테르의 슬픔』을 발표한 이후 괴테는 젊은 작가로 이름을 날린다. 26세의 괴테는 바이마르 공국의 18세의 젊은 카를 아우구스트 공작으로부터 부름을 받았다. 그의 평생을 바친 바이마르에서의 오랜 관료생활을 시작한 것도 이 작품으로 명성을 떨친 것이 계기였다. 젊은 카를 아우구스트에게는 혁신적인 생각을 지니고 있으면서 유명 작가인 젊은 엘리트 괴테가 꼭 필요했다. 괴테는 바이마르에서 재상을 지내고 거기에서 생을 마감한다. 괴테의 운명과 모든 인연은 바로 이 작품 『젊은 베르테르의 슬픔』에서 비롯된다.

베츨라, 샤를로테의 묘비

『젊은 베르테르의 슬픔』은 약혼자가 있는 로테를 사모한 젊은 베르테르가 로테에게 향하는 연정을 이기지 못하고 권총으로 자살한다는 줄거리다. 이 작품을 두고 혹자는 약혼자가 있는 베츨라의 한 아가씨를 흠모했던 괴테의 실제 경험담이라고도 하지만, 나는 평소 이런 추측이 마땅치 않았다. 아무렴 설마, 그건 괴테를 잘 모르고 하는 소리라고 생각했다.

아무튼 그 진위와 무관하게 베츨라에서 괴테는 소설의 영감을 준 사람들을 만났다. 소설의 여주인공 로테의 모델은 베츨라의 샤를로테 부프였다. 베츨라에는 괴테가 살던 집, 자주 다닌 찻집, 그리고 법원 같은 괴테 행적의 여러 흔적들이 남아 있다. 샤를로테가 살았던 집은 현재 '샤를로테하우스'란 이름의 박물관이 되었다. 어쩌면 거기에서 『젊은 베르테르의 슬픔』에 관한 정보며 로테의 체취를 만날 수 있을지 모른다고 기대하겠지만, 그렇지는 않았다.

박물관에는 샤를로테 부프의 가족이 살던 모습이 원형 그대로 전시되어 있다. 프랑크푸르트의 괴테하우스에서 만난 것처럼 역사적 진정성을 철저히 지킨다는 원칙하에 지극히 독일식 방정식에 따른 충실한 셈법을 여기서 또 한 번 만난다. 샤를로테하우스는 18세기 중엽 중산층의 삶을 보여준다는 식의 철저한 사실에 입각한 박물관 전시 개념의 샤를로테 가족의 가옥으로, 집기와 생활도구까지 잘 전시되어 있어 당시 시민사회 가족의 삶을 살펴볼 수 있다.

괴테는 샤를로테를 몰래 흠모했다. 그리고 그즈음 베츨라에서 어떤 자살 사건이 있었다. 약혼자가 있는 아가씨를 사랑했다가 이룰 수 없는 자신의 처지를 비관하여 권총자살을 했다. 그 남자가 예루살렘이다. 괴테는 자신의 가슴 아픈 에피소드에 권총자살을 한 예루살렘의 사건을 겹쳐 넣어 소설의 골격을 잡았다는 것이 보통 알려져 있는 이야기인데, 이것은 내가 베츨라에서 전해들은 이야기와는 조금 다르다.

'예루살렘하우스'의 관리인이 직접 설명해 준 것은 대략 이런 것이다. 예루살렘은 북부 독일 브라운슈바이크 출신의 남자로 베츨라에서 살고 있었다. 그는 이미 약혼자가 있는 아가씨, 샤를로테 부프를 남몰래 짝사랑하다가 그 고민을 이기지 못하고 자살을 했다. 괴테는 베츨라에서 지내던 동안 이 희대의 사건의 전모를 접하고 이를 소재로 소설을 썼다. 그게 바로 『젊은 베르테르의 슬픔』이었다. 내 생각이지만, 그 사건에 연루된 관계 때문에도 괴테는 샤를로테를 눈여겨보았을 테고, 그러다 보니 호감도 갔을 테지만, 그걸 가지고 짝사랑이며 고뇌에 빠졌다 등등 그리 떠든 것 같다.

예루살렘이 흠모한 아가씨가 바로 샤를로테 부프이며 예루살렘이 사용한 권총은 샤를로테의 약혼자 케스트너에게서 빌린 것이라는 말이었다. 물론 예루살렘하우스에는 예루살렘이 즐겨 입었던 옷, 바로 베르테르의 패션을 따라서 당시 젊은이들을 들끓게 했던 푸른 상의에 노란 조끼의 복장도 전시되어 있고 케스트너에게서 빌린 권총도 같은 모델의 것으로 전시되어 있다. 아무튼 예루살렘하우스에서 보고 들은 것으로는 그랬다.

베르테르의 모델이 괴테 자신이든 괴테가 아닌 예루살렘의 이야기든, 아무튼 베츨라에서 베르테르 관련 자료와 정보를 만날 수 있는 곳은 샤를로테하우스가 아니라 예루살렘하우스다.

하노버의
샤를로테 케스트너

하노버, 샤를로테의 묘비

추리하자는 건 아니지만, 예루살렘 하우스에서 나온 이야기가 사실이라면 소설은 괴테의 짝사랑 이야기와는 전혀 관계가 없다. 젊은 베르테르의 고뇌를 소설에 담았던 그의 30대 시절 이탈리아 여행 기록 『이탈리아 기행』을 보면, 로마에서 있었던 에피소드가 하나 나온다.

이탈리아 여행 동안 괴테는 로마에 머물면서 아름다운 한 아가씨에게 영어를 가르치게 되었다. 배우는 속도가 빠르고 매사에 나무랄 데 없는 사랑스러운 아가씨였다. 괴테는 어느 날 부인들의 작은 모임에 합석했다가 그들이 이야기하는 화제에 곧 결혼을 앞둔 어느 신부 이야기가 들어 있는 것 같아 그게 누군지 궁금해졌다.

> 나는 최대한 공손하게 그 신부가 도대체 누구냐고 물었다. 그러자 그들은 놀랍다는 듯이, 이미 모두 다 알고 있는 사실을 아직도 나만 모르고 있었느냐고 반문했다. 그 신부가 바로 조금 전까지 그토록 사랑스러웠던 내 학생이라는 사실을 듣고서 내가 얼마나 놀랐겠는가. 마

침내 꿈에서 깨어나, 그간 무심결에 쏟았던 애정이 고통스런 상태로 변하는 건 누구나 경험하는 일이다. 나는 비록 고통스럽더라도 그 즉시 자제할 수 있을 정도의 연륜과 경험을 충분히 갖추고 있지 않았던가. 혼잣말로 내뱉었다. "베르테르 같은 이 운명아, 여기 로마에까지 찾아와 지금까지 잘 쌓아온 의미 있는 일들을 모두 망가뜨리려 했다 해도 그게 그리 별스러운 일이기만 하겠나."

(『이탈리아 기행』)

베츨라에는 꽤 오래된 마을 공동묘지가 있다. 로젠가르텐이란 예쁜 이름이었는데, 그게 묘지 이름인지 그 동네 이름인지 거기까지는 확실하지 않다. 지금은 묘지기능을 하지 않는데 거기 잔디밭 여기저기 흩어져 있는 오래된 묘비들을 찾아보면 어깨를 나란히 하고 선 두 개의 특별난 묘비를 만날 수 있다. 하나는 샤를로테의 이름이 새겨진 묘비석이고, 다른 하나는 예루살렘이란 이름을 가진 남자의 묘비석이다.

베츨라의 옛 공동묘지 한쪽에 샤를로테와 예루살렘의 묘비석이 바로 곁에 나란히 세워져 있는데, 베츨라는 소설의 주인공을 낳은 도시로 그들의 넋을 예루살렘과 샤를로테의 기념비석으로나마 대신해두고 싶었던 것일까? 후대의 누군가가 그렇게 해둔 것인지는 모르겠지만 베츨라 로젠가르텐의 샤를로테 비석에는 예쁜 하트 모양이 새겨져 있었다. 당시의 솜씨라면 참으로 많은 세월을 거슬러 올라간 세기적이고 낭만적인 일이라고 보아야겠지.

베츨라의 샤를로테, 괴테의 소설 주인공 로테의 실제 모델 샤를로테

하노버, 샤를로테의 묘비

부프는 별 탈 없이 하노버 출신의 약혼자 케스트너와 결혼을 했다. 그리고 남편을 따라 하노버로 갔다. 샤를로테 케스트너, 결혼 후의 샤를로테가 베츨라에서 산 것은 아니다. 그런데 샤를로테의 묘비는 베츨라의 로젠가르텐 묘지에 예루살렘의 묘와 나란히 있다. 그렇다면 이제 이게 또 어떻게 되는 걸까? 꽤나 복잡해진다.

소설 속 로테의 실제 인물이었던 샤를로테는 이후 어떻게 되었을까? 그걸 어떻게 알 수 있겠냐마는 어떻게든 그걸 알아낼 수 있다면 재미있을 것 같다. 여행의 즐거움, 여행지에서의 일상은 무엇 하나하나를 알아내고 확인하고 그러면서 공연히 재미를 느끼는 일종의 게임과 같은 것이니까.

베츨라를 다녀온 몇 년 뒤, 다시 유럽 여행을 하던 중 전혀 관계없는 곳에서 샤를로테에 관한 이야기를 접하게 되었다. 그때 알아낸 사실을 재구성하면 이렇게 된다. 샤를로테 부프는 예루살렘의 권총자살 사건을 겪는 등 우여곡절이 있었지만, 약혼자 케스트너와 무사히(?) 결혼을 했다. 케스트너는 독일 북부 하노버 출신이었고 샤를로테는 하노버로 이주해 유복하고 편안히 여생을 보냈다. 그리고 세상을 떠난 후 하노버의 한 교회 묘지에 묻혔다.

그렇다면 베츨라에 있는 샤를로테 묘비는 어떻게 된 건가? 드라마에는 앞뒤 문맥이 전혀 맞지 않는 막장드라마가 존재할지 모르나 현실에서 모든 사건은 앞뒤가 크게 꼬이지 않고 순리적인 스토리로 존재한다. 최소한 베츨라에 있는 샤를로테의 묘비는 실제 묘비가 아니라는 것이 명백해진다. 앞뒤를 맞추자면 그런 건데, 그보다 내가 놀란 것은 하노버는 내가 유학했던 도시가 아니던가. 괴테든 소설이든 아무튼 문학은 내 전공분야도 아닌 터에, 또한 공부하던 동안이었으니 굳이 괴테의 작품을 따라 파고들 틈이나 있었겠나 하는 것으로 최소한의 책임은 피할 수 있겠지만, 아무튼 무슨 큰 죄나 지은 듯 하노버에 대해서 내가 제대로 모르고 지냈던 사실에 약간의 자괴감, 상실감 같은 것이 생겼다. 언제나 그렇지만 답은 항상 주변 가까이에 있는데 그걸 모르고 멀리서 찾곤 한다. 몇 년을 살다가 다른 곳으로 이사를 하려고 보면 그제야 그 동안 살았던 동네를 거의 모르고 지냈다는 생각이 드는 것도 그런 거다. 원래 일정에서 짬을 만들어 당일치기로 하노버로 달려갔다.

한달음에 달려간 하노버는 낯설지 않았다. 그런데 샤를로테의 묘지를 찾아 그 현장을 만나는 것은 쉽지 않았다. 생각보다 오랜 시간이 걸렸다. 어렵사리 찾은 샤를로테의 묘는 하노버 중심가에서 얼마 떨어지지 않은 교회묘지에 있었다. 누군가 가져다 놓은 도자기 인형이 묘비석 지붕 장식 사이에 고이 모셔져 있었다. 유명한 작가나 음악가의 묘비 앞에 꽃이 놓이거나 양초가 놓인 걸 본 적은 많지만 이렇듯 평범한 한 사람의 묘지에 수백 년이 지나도록 누군가의 정성스런 손길이 닿았다는 것이 참 예사롭지 않다. 아마도 영원한 사랑의 메신저 로테를 기리는 누군가의 마음이었을 것이다.

괴테의 참전기.
『마인츠점령기』

프랑스 대혁명이 일어나고 루이 16세와 마리 앙투아네트가 혁명군에 잡혀 처형 위기에 놓였던 즈음, 오스트리아 합스부르크 왕가와 프로이센 등 독일 연합군이 프랑스 혁명군을 장악하기 위해 프랑스 본토로 진격해 들어갔다. 내정간섭이라기보다는 혁명세력에게 왕족과 귀족이 무너지는 걸 두고볼 수 없었기 때문이었다. 다른 나라 왕족과 귀족에게 큰 여파를 미칠 큰 사건이 될 뿐 아니라, 누이동생 마리 앙투아네트를 구하기 위한 합스부

헤히트하임(Hechtheim) 들판에서 바라본 마인츠 전경

르크 왕가의 입장도 무시할 수 없는 것이었다. 거침없이 진격해 가던 독일군은 때마침 맞닥뜨린 폭우에 후방으로부터 물자 보급이 끊어지는 통에 승승장구하던 진격을 돌연 멈추고 퇴각을 결정한다. 프랑스 혁명군은 퇴각로를 바로 뒤따라 와서 라인 강변의 여러 도시를 점령하였다. 독일 연합군은 라인 강변의 여러 점령지들을 조금씩 되찾아 간 끝에 마지막 남은 곳이 마인츠였다. 프랑스군은 마지막까지 항거하려는 태도로 마인츠 성곽 안에서 방어전을 펼쳤고, 독일 연합군은 마인츠 외곽을 빙 둘러서 완전 포위한 후 포격과 국지전을 벌였다. 괴테의 임지는 마인츠 남쪽 외곽의 마리엔보른(Marienborn)이란 곳이었다. 도착한 날 임시로 야영을 한 오버울름 부근이었다.

> 간스하임에서 말의 먹이를 얻을 수 있었다. 마을의 파괴 정도는 매우 심했다. 그러고 나서 선교(船橋)를 건너 많은 수목들이 벌채된 채 내팽겨져 있는 논넨아우로, 다시 선교의 둘째 부분을 지나 라인 강의 더 큰 지류를 통과하여 보덴하임과 오버울름에 당도한 뒤 야영할 채비를 갖춘 뒤 곧바로 펜트 대위와 함께 헤히트하임을 넘어 오른편으로 말을 몰아 마인츠, 카스텔, 코스트하임, 호흐하임, 바이센아우, 마인슈피체, 라인의 섬들을 살펴보았다. 잠은 오버울름에서 해결했다.
>
> (『마인츠점령기』)

옛 작전 지도를 보면 마인츠를 놓고 사방으로 포위하여 진을 치고 포대를 설치한 독일 연합군의 전략이 한눈에 들어온다. 여러 자료를 종합해 보니 『마인츠점령기』를 통해 괴테의 눈이 되어 마인츠 전투의 전황을 살펴보는 게 가능할 듯 했다. 굳이 전황을 살핀다기보다는 괴테의 글에 기록된 대로 따라가 고도 마인츠를 외곽의 먼 곳에서 한눈에 조망하며 그려 볼 수 있지 않겠나 싶다. 외곽을 산책하면서 끊임없이 이어졌다 끊어지는 원경을 조망하고, 그중에 특히 중요한 조망점이 될 수 있는 곳을 찾아내어 거기를 전망장소로 삼는다는 식으로, 경관이론에 따라 보는 것으로도 좋은 투어가 될 게 분명하다.

헤히트하임 들판

마리엔보른, 헤히트하임 이런 동네는 마인츠 남쪽 외곽으로 동서방향으로 넓게 분포되어 있어서 쉽게 도보로 이동할 수 있는 범위가 아니다. 그렇다고 버스편으로 직접 연결되는 것도 아니어서 모든 출발과 도착은 마인츠를 중심으로 해 두고 시내와 외곽을 왕복하여 여러 차례 오가는 동선이 그려진다. 그래서 면밀히 계획을 세워, 첫날은 어디로 가서 그 일대를 살피고 다음날은 또 어디, 이렇게 마인츠와 그 일대를 훑어갈 계획을 세우고 보니 총 며칠이 걸릴지 일정을 계산할 수 있었다. 가장 궁금한 건 임지에 도착한 직후 말을 달려간 헤히트하임 오른쪽의 어느 지점, 마인츠, 카스텔, 코스트하임……. 그리고 라인 강의 섬들을 살펴보았다던 곳이다. 지도에서 그 지명들을 짚어 보면 마인츠를 앞에 두고 대단한 범위를 파노라마로 조망한 셈이 된다. 그런 정도라면 가히 이 여행의 하이라이트로 삼아도 좋을 시점장 하나를 만나게 되는 것이다.

그렇다고 해서 곧바로 헤히트하임으로 찾아드는 건 나의 여행 방식이 아니다. 목적한 곳을 멀리 놓고 목적지와 거기서 조망되는 전경을 한데 넣고 볼 수 있는 곳을 찾아내는 게 먼저다. 이제 모든 계획이 세워졌다. 첫째 날은 마인츠에 도착하여 숙소를 정하고 여러 정보를 수집하는 한편 마인츠 시내를 잠시 훑는다. 둘째 날은 괴테가 임지로 하였던 마리엔보른으로 가서 거기서 헤히트하임을 멀리서나마 살펴보고 중요하게는 마리엔보른의 괴테 숙소 일대를 더듬어 보는 것이다. 그리고 셋째 날 비로소 헤히트하임과 그 오른쪽으로 말을 타고 나아갔다던 문제의 그 장소를 찾아 나서기로 한다.

헤히트하임은 작은 구릉 정상에 아담하게 이층 규모의 저층 연립주택이 중심이 되어 있는 현대식 주거지가 개발되어 있었다. 멀리 마인츠 일대가 보이는 문제의 장소가 될 만한 곳은 눈에 띄지 않는다. 얼마나 헤맸을까, 주거단지에서 한참을 나가 들판 한가운데에 이르렀다. 완만하게 눈에 띄지 않게 경사가 져 있었다. 지평선을 이룬 끝머리에 가 닿자 갑자기 눈앞으로 장관이 펼쳐지면서 마인츠 시내일 것으로 보이는 큰 도시가 가물거리며 나타났다. 오른쪽으로는 도도히 강이 흐르는데, 라인 강이다. 그리고 마인 강이 라인 강으로 흘러들어 합류하는 지점의 삼각주를 이룬 듯이 보이는 광경도 대략 짐작할 만하다.

너무 멀어서 그냥 눈으로는 확실히 파악이 되지 않는다. 배낭에서 성능 좋은 캠코더 겸 카메라를 꺼내어 있는 힘껏 줌인해 보았다. 모니터 안으로 크게 흔들리는 영상이 맺히며 어김없이 마인츠의 눈에 익은 첨탑과 여러 성당들이 웅장한 모습을 내 보이고 있었다.

괴테의 프랑스 출정기,
이겔 기념탑

이겔, 이겔조일레 광장

중년에 접어든 괴테는 바이마르 공국의 주군을 따라 프랑스로 출정하는 원정에 참여했다. 프랑스로 진격하는 독일 연합군의 일원이 되어 룩셈부르크를 거쳐 프랑스로 가고 있었다. 룩셈부르크로 넘어가기 직전, 국경의 작은 동네 이겔에서 고대 로마제국 시절의 기념탑을 마주하였다. 그때는 둘러볼 시간적 여유 없이 갈길을 재촉할 수밖에 없었다. 그리고 파리로 향하던 진격을 멈추고 퇴각하는 연합군의 무리에 섞여 프랑스로부터 되돌아 나오던 길에 다시 이겔을 지났다. 이번에는 충분한 시간을 가지고 그 기념탑이 있는 언저리에서 한참을 관찰하며 여러 생각을 했다. 그 기념탑을 잘 보존하고 후손들에게 길이 물려주어야 한다는 생각을 한 괴테는 그것이 인류를 위한 중요한 문화유산이 되어줄 것을 기원하며 기념탑의 보존과 기록을 걱정하였다.

마인츠에서 이겔까지 직선거리로는 지척이지만, 라인 강의 깊은 계곡과 양쪽 강변의 높은 고원과 꽤 험준한 산악이 가로막고 있다. 부득이 모든 차도와 철로는 북쪽으로 라인 강을 따라 한참을 올라가 모젤 강과 합수

이겔, 이겔조일레

되는 지점까지 가야 한다. 거기서 또다시 모젤 강 유역을 따라 한참을 날려가게 되어 있다. 룩셈부르크 국경이 가까워지는 즈음, 고대 로마제국 시대부터 오랜 역사를 자랑하는 고색창연한 도시, 칼 마르크스의 고향 트리어에 닿는다. 거기서 룩셈부르크로 넘어가기 직전의 국경도시 이겔의 간이역까지 간다. 여기가 국경이며 독일땅의 끝이긴 하지만 기차의 목적지는 룩셈부르크다 보니, 기차 안은 한산하지 않다. 그래서 더더욱 이겔의 간이역에 내리기 전까지는 국경지대에 닿았다는 느낌이 전혀 들지 않는다.

돌아갈 때의 기차시간을 미리 알아두어야 했지만 워낙 한적한 시골 간이역이라 열차시간표라든가 뭔가 최소한 여기가 기차역임을 알려줄 게시물조차 보이지 않는다. 역 건물은 있는데 역 대합실도 역무원 사무실 같은 것도 보이지 않고, 무슨 개인 사무실이 들어와 있는지 디자인 회사 간판이랑 뭔지 정체가 드러나지 않는 회사의 간판 같은 것들이 걸려 있다.

도무지 이해가 가지 않지만 아무튼 이겔 역은 역이면서 역이 아닌 그런 곳이다. 낯선 곳에 당도한 여행자의 입장을 매우 난처하게 만들고 있었다. 지나가는 사람도 없어 누군가를 붙들고 물어 보려 해도 그럴 수가 없다. 참고할 안내지도도 없이 골목을 누비며 이것저것 집 앞뜰을 장식해 놓은 것하며 동네 구경을 하면서 주택가를 벗어나니 왕복 4차선 대로가 일직선으로 나 있다.

> 트리어에서 룩셈부르크로 가는 길 도중 이겔 부근의 기념탑이 나를 반갑게 맞이했다. 나는 옛날 사람들이 건축물이나 기념탑을 얼마나 잘 설치했는지 알고 있었다. 그래서 즉시 시야에서 마을의 작은 집들을 모조리 지워보았다. 기념탑는 과연 생각대로 가장 적절한 장소에 세워져 있었다. 기념탑 자체를 눈여겨보니 아마도 건축적으로나 조각적으로 치장된 오벨리스크라고 부를 만해 보였다. 비록 전쟁의 와중일지라도 우연히 이 지방에 파견되어 있는 공병 장교가 있었다면 이 기념탑을 측량해서 그걸 스케치하도록 부탁할 수 있다면 좋겠다는 생각이 들었다. 기념탑의 사방 측면이 아직은 어느 정도 식별할 만하였으므로, 그리해서 잘 보존하여 후대에 물려주었으면 하는 마음이 간절했다.
>
> (『프랑스 출정기』)

방향으로 봐서 왼쪽으로 가면 룩셈부르크가 나올 것이고 오른쪽으로 가면 조금 전에 지나온 마르크스의 고향이자 고대 로마제국시대의 변경 중심도시 트리어가 있을 거다. 동네의 구조는 단순한데 오른쪽 왼쪽 어느 방향으로 가야 괴테가 언급한 기념탑이 있을까? 여행 중 나는 누구에게 길을 물어보지 않고 대부분 직감적으로 짚어가곤 한다. 선천적으로 그 계통으로는 뭔가를 가지고 있는지, 거의 대부분 내 짐작이 틀리지 않는다. 그런 전력도 있고 해서 일단 왼쪽, 룩셈부르크 방향으로 가 보다가 아니면 다시 돌아오기로 작정했다. 역시나 내 판단은 틀리지 않았다.

대로에서 약간 언덕 쪽으로 들어간 곳에 5층 건물 높이는 족히 될 듯한 거대한 석탑 형식의 기념탑이 서 있고, 그 앞에는 작은 공터가 있어서 길 건너편에서도 기념탑을 마주하기 좋게 정비되어 있었다. 기념탑은 엄청 컸다.

양쪽으로 건물이 붙어 서 있고, 뒤로는 가파른 언덕이 가리고 있다. 광장 한가운데 들어서 있어서 그런지 느낌으로는 원래 규모 이상으로 커 보인다. 한쪽 건물은 문화원 같은 곳인데 마침 문을 닫을 시간이라 들어가 보지는 못했지만 벽에는 괴테가 그토록 원했던 실제 실측도가 붙어 있다. 기념탑 뒤로 계단 계단을 타고 언덕 위로 오르도록 되어 있다. 빙글빙글 지그재그 모양의 계단을 오르다 보면, 기념탑에 새겨진 조각들을 가까이서 볼 수 있는 행운을 누릴 수 있다. 마모가 심해 자세히 볼 수는 없다. 언덕 정상 부근에 이르러 기념탑 쪽으로 내려다보면 탑과 광장, 그리고 트리어와 룩셈부르크를 잇는 반듯한 차도가 눈에 들어온다. 간간히 자전거를 타고 유럽 각 나라의 국경을 넘나들며 여행을 하는 남녀노소 자전거족들이 전혀 뜻하지 않던 유물과 그 뒤에 앉아 있는 낯선 동양인인 나를 잠시 쳐다보다 지나간다. 그들은 나를 보고, 나는 그들이 보이는 광경을 바라본다.

돌아가는 길에는 트리어까지 다니는 버스가 있어서 그걸 타고 가서 기차 시간이나 호텔 여건을 보고, 마르크스의 고향 그리고 고대 로마유적이 시내 한가운데 버티고 있는 도시인 트리어를 좀더 둘러보는 여유를 가져볼까 싶다.

그러고 보니 아직 점심도 제대로 먹지 못한 것 같다. 버스정류장이 마주 보이는 길 건너편에 조그만 빵집이 하나 있어서 빵 한 조각과 커피를 한 잔 주문했다. 국경지대 이겔에는 프랑스-룩셈부르크-트리어 간을 오가는 차량들만 분주할 뿐 길에는 인적이 없어 조용하다 못해 적막하다. 이 사람들의 사정이야 어떻게 되었든 여행자 입장에서 보자면 번잡한 것보다는 오히려 인적 없이 적막한 게 차라리 나은 것 같다. 그렇게 잠시 고독을 즐긴다.

호텔 페이버릿

극히 보편적으로 보자면 정원은 수목과 화훼가 어우러진 곳이다. 수목과 화훼가 어우러진 곳을 만들기 위해서라면, 가까운 전공분야로 원예학을 꼽을 수 있다. 보다 감성적인 면을 강조해 보면, 정원은 공간과 경관의 측면에서 바라보이는 대상이 된다. 그런 콘텐츠로 다루어지는 정원은 조경학, 문화학, 그리고 역사학의 시각에서 다루어진다.

동양과 서양을 통틀어 역사적으로 전개되어 온 정원의 역사를 살펴보면, 정원은 조망하기 좋은 장소와 거기 있어온 장소성과 관계되어 있음을 알 수 있다. 세월이 지나면서 훼손이 되었거나 개조되어 옛날의 나무나 옛날의 꽃, 그리고 아름답던 화단 같은 원래의 원형을 되짚어 볼 수 없는 경우라 하더라도, 정원이 내포한 공간과 장소성은 그 자리에 남아 있는 법이다.

마인츠 전투에 참전한 괴테는 전투가 거의 막바지에 이른 즈음, 마인츠를 점령하고 있던 프랑스의 혁명군과 독일의 연합군이 서로 대치하고 있는 전선 깊숙한 곳까지 찾아든다. 언덕 정상에 놓인 가톨릭교회를 지나 자칫 위험에 처할 수도 있는 데까지 진출한다. 전선을 지키던 병사의 제지를 받았지만 약간의 사례를 하고는 허락을 받아 바리게이트에 몸을 숨기고 고개를 살짝 들어 적진 쪽을 들여다본다.

때때로 탄환이 쉭 소리를 내며 지붕을 관통하고 있었다. 그러나 호기

마인츠, 옛 성벽 유지

심은 우리를 전선이 더욱 깊숙한 곳으로 나아가게 만들었다. 우리는 오른쪽에 있는 마지막 보루에까지 기어들어갔다. 그곳은 이궁과 카르토센스 수도원의 폐허 바로 위에 있는 요새의 비스듬한 제방까지 깊이 파고들어가 있었다. 능보의 뒤쪽 수백 보쯤 떨어진 곳에서 서로 포탄을 쏘고 있었다.

(『마인츠점령기』)

그가 몸을 숨겼을 방벽, 그리고 총탄이 날아오던 쪽의 넓은 공간에는 지금 폴크스파크가 들어서 있다. 폴크스파크에서 마인츠 방향으로 발길을 돌리면 폴크스파크가 끝나는 언저리에 대지를 가로지르며 차도가 지나가고 대지의 높낮이차를 이용하여 보행육교가 만들어져 있다. 보행육교를 지나면 자연스럽게 짙은 녹음을 이룬 숲과 자연스러운 대지조형을 해 두어 완만해진 비탈에 새파랗게 초지를 이루어 놓은 공원이 이어진다. 그리고 숲과 그늘과 함께 자연의 그늘 속에 파묻히듯 들어서 있는 호텔이 반겨준다. 호텔 페이버릿. 옛 정원 유지에 웬 호텔인가 싶지만 외부 녹지와 어우러져 결코 거부감을 주지 않는다.

원래 그 자리에 있던 정원은 'Favorite'이란 영어식 이름으로 불렸다. 대략 짐작해 보건데 원래 바로크 정원이 있던 자리에 이런 방식의 호텔이 들어선 모양새가 확연하다. 호텔 마당을 이룰 만한 언저리에는 야외카페와 간단히 식사 혹은 맥주 한 잔을 할 수 있는 자리가 마련되어 있고, 호텔의 뜰이자 풍경식 정원 형상으로 다시 조성된 공원이 펼쳐져 있다. 호텔의 조경인지 공원 속의 호텔인지 구분되지 않는다. 왜 갑자기 용산의 국립박물관이 떠오르는지. 공원 속의 박물관? 헛, 개가 웃겠다. 공원이 어떤 건지나 알고 그러나?

괴테는 그 언저리에 있던 옛 바로크 정원을 떠올려 보았지만 황폐된 자리에 예전의 아름다움은 온데간데없었던 모양이다.

사방을 돌아다녔지만 이궁이 있던 곳을 알아보기는 힘들었다. 지난해 8월까지만 해도 이곳에 호화스런 정자가 우뚝 서 있었고 층이 진 땅과 오렌지 과수원, 분수 등이 라인 강에 접해 있는 유원지를 쾌적하게 꾸미고 있었다. 이곳에는 가로수가 우거져 있었다. 정원사가 들려준 바에 따르면 이곳에서 선제후(選帝侯)는 고관들과 수행원들을 데리고 엄청나게 큰 식탁에서 잔치를 벌였다고 한다.

(『마인츠점령기』)

옛 그림으로 전해지는 그 정원의 면모를 보자면 상당히 심혈을 기울인 훌륭한 정원이었음을 짐작할 수 있다. 원래 이곳은 여러 단으로 된 테라스에 조성되었던 정형식 정원이었다. 지금은 그 당시의 정원 모습을 거의 짐작할 수 없다. 완만한 경사면과 적당히 굴곡을 이룬 자연스러운 비탈 경사지의 바탕에 숲과 잔디가 잘 어우러진 자연풍경식 공원이 되었다.

바로 앞으로는 라인 강이 느릿하게 흘러가고 강 건너편으로 마인 강이 흘러들어 합류하는 지점과 그 좌우로 짙게 숲을 이룬 강어귀의 삼각주 모래섬들이 길게 늘어서 있는 경관이 펼쳐진다. 라인 강 쪽으로 시야를 열어 두고 여러 노단을 이룬 바탕에 조성해 놓은 화려한 모습의 바로크 정원 역시 정원 너머로 도도히 흐르는 라인 강 일대 경관을 조망하게 하려 했던 게 분명하다.

조망하는 장소와 조망되는 경관의 관계는 이탈리아 르네상스 시절, 피렌체 외곽의 피에졸레 메디치 정원에서 시작되어 르네상스의 중심이 로마로 옮겨간 시절의 브라만테에 의해 벨베데레에서 완성된다. 장소와 조망의 관계는 이후 유럽 역사정원들의 공간구성상 중요한 패턴이 되었다.

괴테가 봤던 이곳, 쌍방이 대치 중이었던 전쟁터로서 페이버릿의 유지는 어떤 것으로도 정원이었다고는 감지할 수 없는 정도였을 것이다. 괴테가 만난 그때나 내가 온 지금이나 라인 강이 곧바로 내다보이는 비탈진 자리의 테라스, 훌륭한 조망 경관을 마주하는 공간 개념에 따라 조성된 정원의 공간이 주위를 떠나지 않고 맴돌고 있다. 다분히 건축적 구성과 경관적 조망관계에서 엿볼 수 있으면서 조망되는 장관과의 관계를 엿보게 해 주는 '정원의 장소성'을 떠올리게 한다.

마르부르크의 그림형제 계단

마르부르크

그림형제는 가난한 집안 형편상 학업을 계속하기 힘들었다. 그래도 워낙 책을 좋아하고 공부에 대한 열망이 컸던 형제는 슈타이나우를 떠나 마르부르크에서 대학에 겨우 진학했다. 가진 것도 없고 책을 살 돈도 없었던 그들이 할 수 있는 일은 없었다. 이를테면 괴테처럼 어느 레스토랑에서 식사를 즐겨 했다든지, 어느 술집에 모였으며 어느 집에 즐겨 머물면서 그의 작품이 태어났다든지 하는, 후대 우리가 뒤쫓아 찾아갈 만한 에피소드를 남길 만큼 여유롭지 못했다.

유명해지기 전의 옛 사람들이 남긴 족적은 그들이 유명해진 이후의 행적들에 비해 드물기 때문에 여행자의 더 많은 관심을 끌 수 있지만 성장기가 부유하지 않았다면 그런 행적을 만나기 쉽지 않다. 여행자들은 스스로 알아서 그들의 체취를 찾아내고 행적을 따라 일일이 찾아다녀야 한다.

두 형제의 체취가 더 많이 보존되어 있는 곳은 마르부르크보다는 슈타이나우다. 이 작은 마을에는 그림형제 박물관이 있다. 그림형제의 아버지는 이곳의 관리직을 맡고 있었기 때문에 어린 시절의 그림형제는 그 관사에서 살았다. 부친이 세상을 뜬 후 가족은 관사를 떠나야 했다. 그 집은 지금 박물관이 되어 있다. 뚜렷한 생업이 없는 이 가족은 관사 옆 작은 집에 세 들어 살았다. 그 집은 지금 작은 레스토랑 로젠하우스가 되었다. 잠시 식사를 하고 차 한 잔 하기에 딱 좋은 곳이다. 시냇가, 들판, 성, 광장, 언덕을 쏘다니던 형제의 어린 시절. 그림형제의 그림자. 작품의 공연. 어린이 취향의 박물관 도시 슈타이나우, 이렇게 그림형제와 관련하여 동네를 한 바퀴 돌아봐도 아직 시간이 넉넉하게 남는다.

그런데 마르부르크에서 그림형제의 발자취를 찾기는 쉽지 않다. 마르부르크는 산 위의 구도시와 산 아래의 신도시 지역으로 분화되어 있다. 산 윗동네는 맨 꼭대기에 성이 듬직하게 자리 잡았고 그 아래로 뱅글뱅글 돌아가는 도로를 중심으로 길 양쪽으로 좁은 대지에 삐죽이 솟은 집들이 다닥다닥 붙어 있다. 산동네 비탈을 따라 산정상의 옛 성을 찾아가는 길에는 수도 없이 많은 계단이 나 있다. 그림형제가 남긴 글귀가 프린트되어 있는 계단 하나를 만났다. 나름대로 기념을 해둔 것일 텐데, 왜 하필 계단이었을까? 수많은 계단 중 왜 여기일까? 그림형제 계단은 어쩌면 많은 사람들이 오가는 길목에 있는 계단이라 그냥 무작위로 선택한 것일 수도 있다. 아니면 무슨 연유가 있는 선택이었을까? 혹 형제가 주로 오르내리던 길목이었을까? 왜 이런 산길을 힘들게 오르내렸을까?

알고 보면 별것 아닌 것도 전후 사정을 모르면 그냥 답답할 뿐이다. 형제가 세 들어 살던 집은 마르부르크의 산 윗동네 중턱 큰 가로변에 있었다. 벽에 작은 팻말이 붙어 있어서 그 이층 구석방이 형제가 세 들어 있던 곳임을 확인하는 데 도움이 되긴 한다.

그림형제는 마르부르크에서 멘토를 만난다. 법학과 교수 사비니였다. 그림형제는 법학전공 학생이 아니었지만 사비니 교수는 그들의 후원자가 되어 힘을 보태 주었다. 사비니 교수 주위에는 그림형제뿐만 아니라 브렌

마르부르크

타노처럼 훗날 독일 낭만파 문학의 중심이 된 젊은이들이 대거 포진해 있었다. 물론 사비니 교수가 독일 낭만주의를 이끌었던 것은 아니다. 마르부르크에서 대학 생활을 하고 있던 젊은이들이 그 교수 주변에 있었고, 그들이 낭만주의 성향을 가지고 있었다. 사비니 교수는 그림형제에게 자신의 서재를 개방했다. 그림형제에게 그의 서재는 별천지였을 것이다. 귀하디 귀한 서적들이 산더미처럼 꽂혀 있었을 이 서재가 형제의 지적 호기심을 얼마나 자극했을지는 모두의 상상에 맡길 뿐이다. 그림형제가 세들어 살던 집에서 사비니 교수댁에 가려면 집 측면을 끼고 산 위로 오르는 계단 길을 따라가야 한다. 하얀 페인트로 써 놓은 그림형제의 글귀를 만난 것은 그림형제의 셋집을 끼고 산 위로 오르는 좁고 길고 꼬불꼬불 이어지는 길목의 계단에서였다.

> 마르부르크에는 끔찍하게도, 온 집안에 있는 계단을 다 합친 것보다 더 많은 계단 길이 있다.

짧은 한 문장 속에는 마르부르크의 특징을 이만큼 잘 표현할 수 있을까 싶을 만큼 함축된 의미가 담겨 있다. 한번 상상을 해 본다. 아침 일찍 일어나 요기는 하는 둥 마는 둥 하고는 서둘러 사비니 교수댁으로 달려가지 않았을까. 거기에는 귀한 책들이 가득 자기들의 손길을 기다리고 있는데, 달리 다른 데 눈이 팔려 한눈 팔 새도 없고 그럴 이유도 없었겠지. 형제는 교수의 서재에서 독일 고전과 옛 문헌이며 향토색 짙은 민담이며 설화를 비롯하여 수많은 문헌들을 읽고 접했다. 비가 오나 눈이 오나, 길이 얼어서 미끄러우나 오르내리던 마르부르크의 산길, 얼마나 높은 동네였으면 그런 말을 했을까. 계단 길이 형제의 뇌리에 깊이 박혀 있었을 게 분명하다.

독일 북부

하노버 시절

하노버는 묘한 매력이 있는 도시다. 따뜻하기보다는 차갑고, 결코 화사한 것도 아닌데 묘한 매력이 있다. 들여다보면 가치 있는 많은 것들을 가지고 있는데, 그리 도드라져 보이지 않고 이름도 크게 나 있지 않다. 예를 들면 헤렌하우젠 궁의 정원은 바로크식 정형식 정원으로 참으로 빼어난 정원이지만, 아는 사람들 사이에서 회자되는 것과는 달리 일반적으로는 잘 알려져 있지 않다. 뉴턴과 쌍벽을 이루는 수학자 라이프니츠는 하노버 왕가의 궁정고문이었다. 하노버 시립박물관 같은 곳에서 그의 명성과 발명품을 볼 수 있는데, 특히 그중에서도 헤렌하우젠 정원은 라이프니츠가 자문한 것으로 유명하다. 이 정원은 그의 철학의 근원, 단자론의 공간적 형상화와 관련되어 있다고도 한다.

하노버에서 그리 멀지 않는 주변 여러 지역으로 여행 겸 답사 겸 두루 돌아다닌 경험으로 보면, 북부 독일은 전형적인 농경지대의 농촌 경관이 가득하거나 북해변의 거친 파도와 싸워온 해안의 어촌 경관이 펼쳐지는 곳이다.

슈토름

농사를 짓는 일은 땅을 고르고 결실을 거두는 단순한 관계식이 아니다. 기름지거나 농사짓기 좋은 땅이라면 오래 전부터 경작지였을 것이고, 또 당연히 영지 내의 중요한 농지가 되어 권력자의 손에서 귀하게 여겨졌을 테지만, 후대에 와서 새로 개척된 곳이라면 애초부터 경작지로서 함량 미달이었거나 남다른 어려운 상황이 있기 마련일 것이다. 그런 거친 땅일수록 갈고 메고 하는 반복되는 고된 작업을 통해서야 점차 경작지로서 역할을 하게 된다. 그중에는 일반적으로 예상 가능한 일들과는 비교가 되지 않을 어려운 여건을 딛고 일어서야 했던 곳들도 있다. 험하고 춥고 눈에 뒤덮여 경작 조건으로 보면 참으로 험한 땅, 하이디 이야기가 만들어지고 빌헬름 텔 이야기가 나오는 스위스의 험악한 산악 지역, 알프스 산록의 오스트리아 산촌들을 떠올릴 수 있고, 그것과 전혀 다른 극단으로 대비되는 곳으로 해일과 풍랑과 거친 바람에 맞서서 살아온 생활의 흔적이 남겨놓은 북해 해안 제방 같은 곳이 있다.

어느 날 학교에서 파하고 집으로 가던 소년 한스는 둑을 지나다가 둑 아래로 구멍이 나서 줄줄 물이 흘러나오는 걸 보게 되었다. 얼마 있지 않아 구멍이 커지면서 둑이 터질 것 같았다. 큰 재난이 생길까 걱정한 한스는 망설임 없이 주먹으로 구멍 난 곳을 막았다. 밤새 추위에 떨면서 손으로부터 찬 기운이 온몸으로 퍼져 얼어가는 건 물론 엄청난 무서움까지 어린 한스는 견디기 힘들었지만 구멍에서 손을 떼는 순간 둑이 터져버릴 걸 생각하면 다른 방도가 없었다. 마침내 밤이 지나고 동이 트면서 들판으로 나온 동네 어른들이 한스를 발견했다. 한스는 그 일대 마을을 살려낸 용감한 어린이였다.

옛날 학교 다닐 때, 교과서에 나왔던 용감한 소년 한스 이야기인데, 배경이 네덜란드였는지 덴마크였는지 정확히 모르겠다. 네덜란드에서 덴마크로 이어지는 해변 동네 어디서든 이런 일이 일어날 수 있다.

네덜란드는 '해면보다 낮은 땅'을 뜻한다. 나 역시 별 생각 없이 당연히 그런가 보다 했다. 그런데 따지고 보면 그럴 수 있는 땅은 세상에 없다. 인공으로 둑을 막고 물을 빼고 경작지로 간척한 땅으로 이루어진 나라라고 해야 보다 적합할 것이다. 이렇게 간척된 땅이 네덜란드에서 독일 슐레스비히-홀슈타인의 서해안을 거쳐 유틀란드 반도의 덴마크로 이어지는 북해 해안에 길게 걸쳐져 있다.

19세기에 들면 사실주의가 문화예술 사조로 등장한다. 무대며 사람의 일거수일투족을 있는 그대로 사실적으로 나루기 때문에, 있는 그대로의 이야기를 무대에 올려놓고 사실적으로 묘사해 나가는 것이 특징이다. 눈앞에 펼쳐지는 모습을 한 장의 사진에 담아 놓는 것만으로, 소설은 거기에서 살아가는 사람들의 이야기가 되고 그곳의 일상을 옮겨둔 르포 기사가 되고 경관에세이가 된다. 독일의 유명 작가 슈토름(Storm)은 사실주의 작가다. 슈토름의 소설 『백마의 기수』를 읽고 후줌(Husum)에 가 보면 실제 그런 느낌에 흠뻑 빠질 수 있을 것 같다.

후줌

후줌은 슐레스비히-홀슈타인의 서해안에 자리한 도시이고 작가 슈토름의 고향이다. 슈토름은 고향 이야기를 작품으로 발표했지만, 특히 그의 대표작으로 꼽히는 『백마의 기수』는 후줌 일대 해안 지방에 전해지는 이야기를 훗날 어느 화자의 시각에서 구술하는 방식으로 쓴 소설이다.

거친 환경에서 살아온 사람들의 이야기와 북해변의 거친 환경을 몸으로 느껴보고자 슈토름의 『백마의 기수』가 펼쳐진 후줌으로 갔다. 독일어로 Deich라고 하는 둑으로 보전되고 있는, 해면보다 낮은 땅이 펼쳐지는 곳이다.

마침 축제기간이라 후줌 시내는 온통 사람들로 꽉 차 있었다. 독일의 어지간한 곳이면 역이나 시내 구도심 어귀에 관광정보 안내데스크가 있다. 거기 가면 지도나 도시의 정보는 물론이고 호텔 예약까지 대행해 준다. 시청 관광정보 안내데스크도 인산인해를 이루었다. 이런 대만원 사태가 대도시에서도 흔하지 않은데, 여기 북해 끝의 작은 도시에 벌어지고 있었다. 방을 구하려 했으나 가까운 일대의 호텔은 모두 찼다. 다시 돌아가야 하나, 인근 도시에 숙소를 정하고 며칠씩 기차로 오가야 하나 고민하는데 천우신조로, 시내에서 한참 떨어진 곳에 때마침 빈 방이 하나 나왔다. 단 하루라지만 어떻게든 하루를 묵으면서 다른 방도를 찾아봐야 했다.

안내데스크에서 준 예약서와 연락처, 약도를 쥐고 걸었다. 호텔은 시내 중심을 벗어나 축제분위기가 미치지 않을 만큼 외곽으로 나간 곳에 한적하게 자리하고 있었다. 일단 짐을 내려놓고, 단 하루의 말미를 받았을 뿐이니 짐을 풀 것도 없다 싶어 손만 씻고는 가벼운 차림으로 밖으로 나왔다. 바로 호텔 옆으로 작은 공원 같은 빈 곳이 있었다. 지금은 도심의 작은 휴식공간이 된 옛 공동묘지다. 좀 큼직한 묘비석이 있어 거기 새겨진 명문을 읽어보니, 참 묘한 인연인 것이 바로 슈토름과 그의 가족묘지였다.

후줌은 정말 슈토름의 도시다. 축제가 끝나는 시간이라 조금 한산해진 거리에는 슈토름 이름을 내건 카페, 약국, 빵집, 서점들이 늘어섰고, 시내 골목 곳곳의 집과 거리에 나붙은 테마거리 표지판에는 슈토름의 작품무대가 된 후줌 사람들이 살던 곳, 거리, 이야기가 표시되어 있다.

운 좋게 예약했던 손님이 예약을 취소한 덕에 호텔 그 방을 그날 이후 계속 쓸 수 있었다.

북해변의 해안도시

슈토름의 고향 후줌은 바다에 면해 있는 어촌 취락에서 시작된 해안도시다. 거기서 태어나 삶을 마감하는 동안 북해안의 독특한 거친 바다와 바람과 맞서서 살아온 사람들의 이야기를 소설로 남겼다.

제방을 쌓는데 치러야 했던 산 생명의 희생을 부정했던 제방감독관, 아마도 그 때문에 해일에 휩쓸려갔을 것으로 보이는 제방감독관의 이야기, 『백마의 기수』 그 무대가 된 북해의 거친 경관의 현장, 바로 그곳에 가는 길이다.

버스에서 내리자 끝없는 들판이 나를 반긴다. 휑하니 표지판 몇 개가 세 방향으로 각자 알릴만 한 곳까지 방향을 가리키고 있다. 내가 가야할 목적지가 그 세 방향 중 어느 쪽인지는 가르쳐주지 않는다. 독일 특유의 철저함은 극단적인 합리성에 바탕을 둔다. 그러나 철저함과 친절함은 배려와 같지 않다. 안내판, 표지판은 철저하고 완벽하게 구비하지만 무조건 자세하게 설명하거나 친절하지는 않다. 이를 테면, 이런 식이다. “여기까지 찾아온 것도 결코 쉬운 일이 아닌데, 여기까지 잘 찾아 온 걸 보면 네가 어지간히는 알고 온 것 아니냐, 그러니 여기서부터도 네가 잘 알아서 판단하리라 본다.” 뭐 그런 셈인지 극단적인 축약과 생략으로 안내판은 간결하다. 그래서 안내판은 전혀 여행자의 고민을 들어주려 하지 않는다.

어디 이런 일이 한두 번이었나, 다시 한 번 정신을 바짝 차리고 그중 한

후줌

방향으로 베팅을 한다. 그리고 무턱대고 걷는다. 세찬 바람에 몸이 휙휙 날려갈 듯하지만, 그래도 7, 8월의 여름날, 정말 운 좋게 햇살이 가득한 좋은 날씨를 만난 게 어딘가. 수십 킬로미터 끝없이 늘어선 제방을 따라 거닐면서 제방과 제방 아래 풀밭에서 열심히 풀을 뜯는 소와 양떼, 그리고 간혹 지나가는 여행자의 행색을 몹시 궁금해 하는 적갈색 말들의 환영을 받는다.

북해의 거친 해안에는 길고 넓은 갯벌이 펼쳐져 있지만, 우리의 서해안처럼 피서를 즐기고 텅 빈 겨울바다를 즐길 수 있는 그런 것과는 비교가 되지 않는다. 거친 파도와 황량함 그리고 춥고 거센 바람이 항상 맴도는 곳이다. 해일이 동네를 덮치고 한 뼘의 농지조차도 그냥 쉽게는 얻을 수 없는 환경이다. 그래서 사람들은 오랜 세월 전부터 해안을 따라 둑을 쌓고 간척하여 초지를 일구고 목축을 하며 살아왔다. 제방 둑은 그래서 생명줄과도 같았다. 수시로 무너진 둑을 보수하고 더 튼튼하고 높게 쌓아야 했다. 둑을 관리하고 쌓는 일은 북해안 지역에서 가장 중요한 생업이자 생업을 보장해주는 일이었다.

소설 첫머리는 바람이 몹시 거칠게 불고 날씨가 좋지 않는 날, 제방을 따라 말을 타고 가다가 백마를 탄 한 사나이와 만난 화자의 이야기로부터 시작된다.

> "아마 30년대쯤인가……." 내게 이야기해준 양반은 그렇게 말문을 열고는 이런 이야기를 해주었다. "어느 시월 오후였지. 북해변의 해변 둑을 따라가는데 날이 무척 사나웠어. 거의 한 시간 이상 내 왼쪽 옆으로 풀을 뜯던 소들도 다 집으로 들어가고 난 뒤 무인지경의 텅 빈 황량한 들판이 펼쳐지고 있었고……."
>
> (『백마의 기수』)

큰 파도가 몰려올 것에 대비해 제방을 고쳐 쌓아야 할 일을 의논하려고 주막에 모여 있던 동네 사람들로부터, 이런 나쁜 날씨만 되면 백마를 탄 사나이의 유령이 제방을 돌아다닌다는 이야기를 듣게 된다.

슈토름이 『백마의 기수』를 구상했고 소설의 무대가 된 주막이 있는 현장을 찾아오긴 했지만, 거기서 별다른 뭔가를 기대한 것은 아니다. 제방을 따라 끝없이 펼쳐진 들판을 만나고 제방에 올라가 이곳 사람들의 생명줄 자체를 잠시 만나는 것 이상의 무엇은 없다. 꼭 여기서 만난 일은 아닌데, 다녀온 후 생각해 보면, 그 여행에서 받아온 경험은 분명 그것만이 아닐 수 있지만 아무튼 그 자리에서는 아무 생각도 떠오르지 않는다.

『백마의 기수』의 제방 둑과 주막을 다녀온 후, 호텔방에 앉아 가만 생각해 보니, 그제서야 뭔가 하나씩 스멀스멀 몸으로 느껴지던 것들이 떠오른다. 햇살이 따가울 정도로 내리쬐는 좋은 날씨인데 엄청난 바람에 몸을 가눌 수 없었다. 만약 비바람이 치는 날이었으면 어땠을까? 아예 근접조차 할 수 없었겠지. 그렇다면 그 옛날에 제방을 쌓던 작업은 어땠을까? 또 쌓아둔 제방인들 비바람과 해일에 그냥 온전하기만 했을까?

> "오른쪽으로는, 혹시나 북해의 갯벌이든 할리히나 해안의 모래섬이 바로 손닿을 만한 가까운 데에 있었다 치더라도 어두운 황토색으로 몰려오는 파도밖에는 아무것도 볼 수 없었지. 살을 에는 듯 추운 날씨에 고삐조차 제대로 잡을 수 없을 정도로 손은 거의 얼어 있었네."
>
> (『백마의 기수』)

후줌 일대의 북해 해안 모래섬을 '할리히'라 부르는데, 만조 때는 물밑에 숨어버린다. 지금의 둑에 올라가 바다를 바라본다 해도 바다며 갯벌을 볼 수는 없다. 예전의 둑에서 한참을 나아간 쪽으로 또 다른 제방이 쌓여 있기 때문이다. 다이히와 수박, 소실의 무대가 된 현장을 다녀왔지만, 세찬 바람, 둑 그리고 아무도 없는 넓은 초지와 말, 양, 소 그 외의 작품과 연관된 어떤 느낌을 받기에는 모자람이 있었다. 엄밀히 말하면 현장을 확인했다고 할 수는 있지만, 작품이 일러주는 그곳의 삶과 진면목을 알아가기에 잠깐의 현장 체류만으로 충분하지 않았다. 다이히와 주막을 다녀온 후, 후줌 시내의 주립미술관에 들른 건 별다른 뜻이 있었던 게 아니었다. 딱히 뭘 기대한 것도 아니었다. 체류일정을 넉넉히 잡아 놓았지만 계획에 미치

후줌, 노르트제무제움(북해박물관)

지 못했거나 예상보다 일정이 순조로웠다. 그러다 보니 시간이 꽤 남았다. 한나절 정도 뭘 할까 하다가 그냥 주립박물관이나 슥 지나쳐보자는 셈이었다.

박물관에는 발굴된 유물을 전시해 놓았는데, 으레 어느 공립박물관이나 향토자료관에든 한두 점 정도는 있을 옛 출토그릇이나 민속의상 같은 걸 전시해 놓는 그런 것이려니 했다. 그게 슈토름이 이야기하려 했던 북해변의 삶과 경관의 사실적인 현장 이야기를 고스란히 전해주는 것임을 알아차린 건 한참이 지난 뒤였다. 북해변의 삶이 어떤 것인지, 천 마디 말보다 더 진솔하게 전해주는 게 바로 출토된 그릇 몇 점이었다. 해일로 인해 거대한 섬 하나가 흔적도 없이 사라졌고, 거기 있던 무수히 많은 자연부락들은 바닷속으로 사라져버렸다. 바로 그렇게 사라진 곳에서 삶의 흔적들이 출토되어 나왔다. 그리고 사라진 섬의 흔적을 찾아 이어가면 해안선은 지금의 것과 전혀 다른 지도가 되어 나온다. 할리히라 부르는 모래섬 혹은 모래톱은 원래 거기 있던 거대한 섬이 해일로 무너져버린 잔재라는 말이 있다. 할리히에서 출토된 유물, 그릇이며 집기들이 있는 데는 그런 연유가 있는 것이었다. 슈토름의 작품을 다시 꺼내 읽어본다. 해일이 덮치고 섬이 사라지고 둑이 터지고 터진 둑을 어떻게 해 보려고 주막에 모인 동네사람들의 침울한 모습이 선명하게 그려진다.

북부 독일 농가, 벨부르크

벨부르크

독일의 전통 농가는 규모가 무척 크다. 북부 독일의 대표적 양식을 갖춘 벨부르크(Wehlburg)란 이름의 농가와 마주한 것은 지도 교수님과 처음 면담하던 자리에서였다. 아직 독일 문화에 대해 잘 모를 때였다.

교수님은 나에게 어떤 연구를 하고 싶으며 평소 무엇에 관심이 있는지 물으셨다. 이런저런 이야기 끝에 우리의 전통문화와 전통 가옥에 관한 주제로 이야기가 이어지고 있었다. 내 이야기를 듣고 계시던 교수님이 문득 벽에 걸린 사진을 가리키며, 그게 북부 독일의 오랜 전통형식을 갖춘 농가인데 지금은 하노버에서 그리 멀지 않은 민속박물관에 옮겨져 있으며 벨부르크란 이름을 가지고 있다는 등을 말씀해주셨다. 나에게 벨부르크의 인상은 무척 강했다. 왠지 '너와 나는 이전부터 어떤 인연으로 이어져 있었다'는 것처럼 나에게 말을 걸고 있었다.

민속촌은 박물관 개념으로서 야외박물관인지 테마파크인지 분별이 다소 애매할 수 있는데, 북부 독일에서 만난 어느 민속촌은 야외에 펼쳐놓은 민속박물관이라 할만 했다. 벨부르크는 야외박물관에 전시된 전통

벨부르크

농가 중 대표가 될 만한 가옥이다. 벨부르크 사진이 교수님 연구실에 걸려 있었던 것은 교수님의 전공이 농촌지역 건축과 문화였던 것과 무관하지 않았을 것 같다. 아마도 벨부르크를 민속박물관으로 이건하는 과정에서 자문이나 어떤 실무적 차원에서 관여하신 게 아닌가 싶지만 자세한 내용은 모르겠다.

민속박물관에서 만난 벨부르크는 우선 그 어마어마한 규모로 내 기를 팍 죽이고 있었다. 무슨 귀족 저택도 아닌데, 우리나라 초가삼간으로 상징되는 전통농가와는 비교되지 않을 굉장한 규모였다. 규모에 걸맞게 사용한 재료도 하나같이 듬직하였고, 내부공간 규모도 상상을 초월할 만큼 어마어마했다. 애초부터 이 나라 사람들은 우리와는 비교가 되지 않을 문화적 바탕을 가지고 있었나? 그럼, 우리는 이들을 결코 따라잡을 수 없단 말인가? 물론 나의 자격지심, 1980년대 우리 모두에게 가슴 깊이 담겨 있던 일종의 공통된 자격지심이겠지만, 지금 생각하면 정말 바보 같은 생각이었다.

오랜 세월 동안 한 지역의 토착화된 농가 형식이 갖추어지기까지는 향토적 토속성, 재료, 건축방식, 농업방식, 그리고 그곳의 자연환경과 기후 풍토성 같은 여러 요인이 작용한다. 여기에 지역적 문화 양상이 일군 생활양식이 더해져 지역적 특성을 지닌 건축이 탄생한다. 세계지리 과목에서 소개되는 지역적 향토건축들이 형성되는 것 모두 그런 배경에서 나온다. 벨부르크에서는 거대한 구조와 규모 그리고 내부구조, 농가로의 진입방식과 조경 등을 두루 눈여겨볼 수 있는데, 모두 북부 독일의 전형적인 농가에서 보이는 공통된 부분들이다.

향토건축의 전형적인 사례로 벨부르크처럼 거대한 농가가 생기는 건, 건축양식사에 등장하는 것처럼 한 시대를 풍미한 유행과는 근본적으로 다른 요인에서 비롯된다. 건축의 성립은 전통문화의 형성과 일맥상통한 부분이 있다. 그들을 따라 깊이 찾아들어 가 보면, 한 지역의 전통건축이 형성되는 데는 특정 지방의 향토성이 깊이 결부되어 있는 것을 알 수 있다.

대학에 부임한 첫해 강의시간에 학생들에게 유럽의 모습을 슬라이드로 보여준 적이 있었다. 주로 독일과 네덜란드 등지의 민속박물관에서 촬영한 전통 가옥이었다. 우리 전통 가옥인 초가삼간과 독일의 전통농가 벨부르크 간의 극단적인 차이와 필연적인 공통점의 이야기와 곁들여진 전체와 부분의 사진들, 특히 유럽에서 만날 수 있는 초가지붕들을 다양하게 보여 주었다. 초가집은 우리나라에만 있는 것이 아니다. 그리고 다듬지 않은 자연스러운 목재의 형태와 특징을 천연덕스럽게 활용해 왔던 전통건축술은 반만년 역사를 자랑하는 우리 민족의 지극한 자연사랑에서 나온 세계 유일무이한 건축사상의 발로가 아니다. 농경을 바탕으로 살아온 세계 어디에서나 나타나는 농경 건축의 특징임을 알려주고자 했던 게 의도였다. 물론 학생들의 반응 역시 그런 의도에 부응하여 일면 세계를 향해 새로 눈을 떠가는 계기가 되었기를 기대한다. 정말 오래된 까마득한 시절의 이야기다.

벨부르크는 독일 유학 시절 해외풍물에 눈뜨게 해주었다. 학위를 마치고 귀국 준비를 하던 즈음, 오랫동안 함께 했던 나와의 인연을 오래 기억한다는 뜻에서, 지도교수님 이하 연구실의 동료 연구생들이 나에게 준 선물은 벨부르크의 전경이 담긴 흑백사진 패널이었다. 패널 뒷면에는 교수님과 학위논문 심사위원 그리고 연구실 소속 연구원들의 사인이 들어 있었다. 보관을 잘못 한 탓에 패널 뒷면의 사인은 거의 지워져 식별이 어려운 지경이 되었지만, 지금도 이 패널은 내 연구실 책꽂이 한쪽에 걸쳐 있다.

목가적 풍경에 대한 환상

슈뵈버(Schwöbber)

나대로의 여행 방식이 있다. 단숨에 먼 거리를 이동하지 않는다는 것이다. 혹 불가피하게 장거리 여행을 해야 한다면 중간에 일부러 한 번 정도는 멈춘다. 버스를 타고 가더라도 최소한 한 정거장 정도는 미리 내려서 몇 킬로미터 정도는 걷는다. 짐은 최소로 한다. 무박 여행이라면 보온병에 커피를 담고 빵 한쪽을 넣는다. 1박 이상 여행이라 해도, 혹은 유럽 배낭여행이라 해도 내 몫의 짐으로는 배낭 하나 이상 싸지 않는다.

언제나처럼 배낭에 커피와 빵을 챙겨 버스를 타고 시골 깊숙한 곳을 찾아가고 있었다. 으레 그랬던 것처럼 목적지에 훨씬 못 미친 곳에서 내려 그냥 걷고 또 걸었다. 인근 촌락과 취락을 따라 걷기도 하고, 때로는 차도를 걷고, 때로는 길에서 벗어나 농지를 따라가기도 하고 그렇게 걷고 있었다. 넓은 목초지가 둘러 있는 옛 저택이 나왔다. 저택에 이르는 동안 한 시간은 족히 걸어왔지만, 띄엄띄엄 흩어져 있는 농촌마을과 경작지가 예사롭지 않다. 알려지기로 이 저택은 독일 최초의 '풍경식 정원'이 조성된 곳이라 했다. 우연히 책에 실린 한 줄짜리의 정보를 통해 그 곳에 대해 알게 되었다. 하노버 외곽 근교 지역으로 시내에서 그리 멀지 않은 곳이었다. '풍경식 정원'이라 짐작할 수 있는 흔적을 찾을 수는 없었다. 그도 그럴 것이 '풍경식 정원'이란 것이 애초에 "자, 이게 정원이다"라는 듯이 뚝 잘라내 별다른 모습으로 앉아 자기 모습을 보여 주는 게 아니기 때문이다. 경관으로 보자면, 내가 한 시간 이상 걸어온 대부분의 땅과 경관이 이 저택의 풍경식 정원을 구성하던 농지이자 주변 경관이었다. 정원 답사 측면으로 보자면 제대로 답사를 한 셈이었다.

풍경식 정원은 원래 방목지의 넓은 대지를 정원으로 조성한 것이어서 조성 당시에는 저택 앞에 펼쳐진 넓은 초지는 대부분 목초지 기능을 그대로 유지했고, 여기에 젖소를 비롯한 여러 가축들을 방목하기도 했다. 소가 풀을 뜯으며 한가로이 노니는 풀밭, 적당히 숲도 있고 그리고 장식적으로 세워놓은 경우가 대부분이었지만 멀리 까마득히 풍차나 오두막 혹은 정자 같은 것들이 거대한 지평선을 이룬 능선 위에 살짝 걸쳐 있기도 했다. 이런 그림 같은 풍경이 오늘날 여행객들을 유혹하는 요소일지 모른다.

자연 그 모습대로 목가적인 전원 경관을 펼쳐놓은 게 풍경식 정원이라 한다지만 사실은 인위적으로 일구어 놓은 데는 꾸밈의 대가를 감수해야 하는 부분들이 있다. 독일을 대표하는 풍경식 정원의 장인 퓌클러-무스카우(Pückler-Muskau) 후작은 그런 정황을, 이를테면 소가 노니는 풀밭에는 더러운 것들도 있어서 그런 것들까지 감수해야 하는 현실을 글로 표현하기도 했다.

> 영국은 도로에 관한 한 거의 완벽하다. 훌륭한 길을 만드는 데는 비용이 많이 든다. 길을 만드는 데 드는 엄청난 비용 문제는 영국의 공원에 길이 거의 없고, 아주 드물게 공원 전체 순환도로 정도만 있는 주요 원인이기도 하다. 종종 플레저 그라운드에서 나온 오솔길도 파크로 이어지다가 길을 에워싼 철망 울타리를 만나면서 갑자기 끊어져 있기 일쑤다. 그 이후로는 축축하게 젖은 풀 위의 방목구역을, 게다가 그 구역을 점유하고 있는 네 발 달린 친구(소)들이 남겨놓은 불쾌한 흔적들(배설물) 사이를 힘겹게 헤매야만 하게 되어 있다.
>
> (『풍경식 정원』)

충분히 그랬을 것 같다. 예전의 진짜 현실은 요즘의 그림 같은 풍경, 낭만적인 감성과는 사뭇 달랐으리라. 오늘날에는 풍경식 정원을 원형으로 한 이런 정원에서 방목을 하지는 않는다. 간혹 전시효과를 위해 소나 말 몇 마리를 일부러 풀어놓는 경우를 볼 수는 있지만, 그건 그저 보여 주기 위한 겉치레일 뿐이다.

현대 이전의 유럽 정원은 형태적으로 정형식와 비정형식으로 구분된다. 이탈리아 르네상스 정원과 프랑스 바로크 정원 같은 16~17세기의 정형식 정원, 이어서 18세기 영국에서 시작된 목가적이고 전원풍의 자연풍경의 모습을 구현한 자연 풍경식 정원이다. 이름 그대로 자연의 풍경과 같은 모습으로 숲과 호수 그리고 완만한 구릉 위로 넓은 초지가 펼쳐진다. 이런 점으로 보자면 현대 조경은 비정형식 특징의 연장에 놓인다.

각을 짓고 반듯하게 다듬어 기하학적인 문양을 만들고 수목조차 일직선으로 줄 지어 놓았거나 그 외의 모든 것을 반듯하고 정돈된 모습으로 조성해놓은 바로크 정원은 첫눈에 보기에 너무 인위적으로 꾸며놓은 데다가 과도하게 사치스럽고 화려하게 보일 수 있다. 하지만 전부를 말끔히 꾸며놓은 점에서 보면, 오히려 바로크 정원이 솔직한 조치일 수도 있다.

정원을 정원으로 가꾸고 관리하고 보면, 초지는 옛날처럼 목초지이면서 방목을 함께하도록 해 두어야 할까, 아니면 정원답게 잘 관리된 깨끗한 잔디밭의 녹지로 가꾸어야 하는 것일까.

하노버 근교의 이 저택은 농원과 정원의 경계를 구분하지 않고 넓은 초지에 소를 방목했다. 소는 그냥 전시용이 아니었다. 전통을 이어가는 농장으로서 삶의 현장이 그대로 베어나고 있었다. 정원과 목초지, 세련됨과 현실적인 것의 경계에서 역사정원의 관리는 어떻게 하는 게 답인지 쉽게 결론이 내려지지 않는다.

먹는 밤나무

하노버는 세계적으로 이름난 도시는 아니지만 나름대로 오랜 역사가 있다. 17세기 하노버 왕 게오르크 1세는 잉글랜드의 왕위를 계승한 조지 2세였다. 하노버는 이 시절에 이르러 크게 성장했다. 원형이 훌륭하게 잘 보존된 아름다운 바로크 정원 헤렌하우젠 정원(Herrenhäuser Großgarten)이 이 시절에 만들어졌고, 뒤이어 유행하던 풍경식 정원이 그 주위를 둘러싸고 있다. 하노버 대학교는 캠퍼스 자체가 풍경식 정원 안에 들어가 있어서 정원에 대해 잘 모르는 사람이라 하더라도 아름다운 녹지와 숲에 둘러싸인 훌륭한 캠퍼스에 혼이 빠진다. 어째서 대학이 풍경식 정원 안에 들어있는지 의아할 수 있겠지만, 원래 여기는 궁이었다. 현재 대학 본부 건물이 궁이었다. 기계, 건축, 토목 등 공공시설 및 군사시설 건설과 산업화 시대의 사조에 발맞춰 공과대학에서 시작한 대학이었다. 19세기 후반쯤의 일이었을 것이다.

좋은 정원, 훌륭한 숲. 오랜 역사를 자랑하는 도시인 하노버에도 희귀하게 전 도시를 다 뒤져도 은행나무는 딱 두 그루밖에 없다. 이 두 그루는 모두 대학 교정에 있다. 수백 년은 됨직 한데 멀리서 보아도 우람하다. 옛날 풍경식 정원을 조성하면서 귀한 두 그루의 은행나무를 심고 관리해 온 것 같다.

베를린 도심, 번화가 한가운데 넓은 보행로가 길모퉁이에서 만나느라

프랑크푸르트 대학 교정의 밤나무

상당히 넓게 광장처럼 된 곳이 있다. 그 한곳에 탁자처럼 생긴 조형물이 하나 덩그러니 세워져 있다. 마름모 모양으로 선 탁자 같은 모습이다. 알파벳으로 뭔가가 새겨져 있고 은행잎 두 개가 돋을새김으로 부조되어 있다. 지나다니는 사람들이 심심찮게 그걸 들여다보고는 고개를 쳐들며 뭔가를 바라보며 신기하다는 표정을 짓는 걸 보니 그냥 예사롭게 넘길 건 아닌 모양이다. 이게 뭔가 싶어 괜히 그 앞에서 고개를 쳐들어 봐도, 길 건너편 멀리에도 봐도 별다른 건 없다. 정 있다면 조형물 바로 앞에, 보기에 민망할 정도로 꼬챙이같이 삐죽이 자란 앙상한 나무 한 그루가 제 무게도 못 이겨 약간 휘어져 구부정하게 있는 게 뭔가 있는 것이라면 뭐 그거라고는 해 보겠지만, 그건 은행나무였다.

그거였다. 사람들이 한결같이 쳐다보고 지나가던 바로 그 은행나무였다. 그래, 사람들이 그렇게 바라보는 그게 무엇일까? 마름모 모양의 선 탁자 같은 모습의 조형물에는 괴테가 은행나무를 칭송한 글귀가 담겨 있고, 그 앞에 똑바로 보이는 자리에 은행나무 하나를 심어 놓은 거다.

동방에서 건너와 내 정원에 뿌리내린,
이 나뭇잎에는
비밀스런 의미가 담겨 있어
그 뜻을 아는 이들을 기쁘게 한다오.
(「은행잎」)

1814년, 65세의 괴테는 마인 강 유역을 여행하다가 프랑크푸르트의 한 은행가의 아내이자 시 짓는 재능이 뛰어난 마리안네 폰 빌레머를 만나게 되었다. 이후 두 사람 간에 시로 오간 사연들이 요즘도 심심찮게 화제에 오르곤 한다. 괴테의 시 「은행잎」은 마리안네에게 부친 괴테의 편지였다. 1815년 9월 15일 괴테가 정서한 이 시의 인고에는 괴테가 직접 붙인 은행잎 두 장도 함께 들어 있었다. 9월 18일 괴테는 어느 동양학자와 대화를 나누기 위해서 프랑크푸르트에서 하이델베르크로 갔다. 9월 23일 빌레머 부부가 괴테를 만나러 하이델베르크로 왔다. 그리고 괴테는 뜻밖에도 하이델베르크에서 마리안네를 만나게 된 것이다. 괴테는 마리안네를 하이델베르크의 슐로스가르텐으로 데려가 거기 있는 은행나무를 보여 주었다. 베를린 도심에 등장한 앙상한 은행나무 한 그루와 선 탁자 모양의 조형물은 괴테의 시 「은행잎」을 기념한 것이었다.

유럽에는 지천으로 널려 있으면서 흔하디흔한 나무가 마로니에다. 유럽에서는 흔하지만 우리에게는 희귀한 것처럼, 거꾸로 우리에게는 가로수로 가장 많이 쓰일 정도로 흔한 은행나무가 유럽에서는 귀하디귀하여 거의 보물 취급을 받는 것과 같은 이치다. 서울 동숭동 대학로 마로니에공원은 서울대가 관악산 아래로 옮겨가기 전 옛 서울대 문리대학 캠퍼스였다. 대학로 마로니에공원 쪽 보행로가 있는 즈음으로 작은 개천이 흐르고 있었고 문리대학 정문은 개천 너머에 있었다. 개천 위에는 교문만한 폭으로 콘크리트 다리가 놓여 있어서 그곳을 통해 학교를 드나들게 되어 있었다. 대학로 마로니에공원이 어떻게 해서 그 이름을 갖게 되었나 하면, 교정에 있던 마로니에 몇 그루로 해서 그렇게 되었다. 당시 문리대 학생들 사이에서 그들 마로니에에 빗대어, 학교 앞으로 흐르는 개천은 센 강이었고 다리는 미라보 다리였다.

말이 나왔으니 말인데, 마로니에 열매는 마치 굵고 잘생긴 밤 같다. 독일에서는 이 열매를 카스타니에라고 부르는데, 마로니에만큼이나 카스타니에도 어감이 좋다. 처음 유럽에 간 사람들 중에는 지천으로 널린 카스타니에 열매를 주워서 삶아먹기도 했다는데, 대부분 탈이 난다. 이건 '못 먹는 밤'이다. 이탈리아에는 우리처럼 먹는 밤이 있어 길에 떨어진 밤송이도 많이 보인다. 길에서 군밤을 사먹기도 하는데, 알프스 너머 북쪽 유럽 땅에서는 먹는 밤을 볼 수 없다.

프랑크푸르트 대학의 여러 캠퍼스 중 한 교정 잔디밭에 겨우 4~5년생 정도나 될까 싶은 작은 나무 한 그루가 심어져 있었다. 얼핏 봐서는 밤나

프랑크푸르트 대학 교정 기념표석

무 같은데, 독일에는 밤나무가 없는 걸로 알고 있었고, 워낙 키가 작다 보니 밤나무인지 금방 확신이 가지 않았지만 그건 분명 밤나무였다. 사람 키보다 약간 큰 정도의 애송이 나무 같은데, 밤송이가 두어 개 탐스럽게 매달려 있었다. 그 앞에 경계석으로 해 놓은 석재 중 한구간에 유난히 눈에 띄게 고급스러운 돌이 하나 박혀 있었다. 대리석 같은데 뭐라고 꽤 길게 새겨놓은 글귀가 있었다. 무슨 기념식수를 해놓은 것이었다. 기념비석에는 무엇을 기념하는지 사연이 새겨져 있고, 덧붙여 '먹는 밤나무'라는 사실이 확실히 명기되어 있었다.

지도교수님의 가르침

한 장의 사진, '란트체텔'이란 말이 새겨진 작고 예쁜 호박돌, 그 곁에서 언제까지나 거기 있겠다는 듯 서 있는 새 두 마리와 닭 두 마리가 들어 있다. 그것, 그 아름다운 정원 한쪽 모퉁이 여기는 하노버 교외의 작은 도시 게르덴(Gehrden) 시립묘지의 란트체텔 교수님, 나의 박사학위 지도교수님의 묘지이다.

지도교수님은 일찍 돌아가셨다. 그 분의 저술 중에는 『Wege und Orte(길과 장소)』라는 여행기 형식으로 적어내린 독일 헤센지방 농촌 경관

게르덴, 묘비

에 관한 에세이집이 있다.

거기서 교수님은 길과 장소는 여행자에게서 목적지와 거기에 가 닿기 위해 끊임없이 나아가는 여행 과정이라 하셨다. 모든 종류의 여행은 결국 길과 장소 혹은 목적지와 과정의 관계로 정리된다. 길은 출발하는 곳과 목적지를 잇는 경로이고 장소는 목적지가 되지만, 목적지의 장소는 또 다른 여정을 위한 출발점이고 그 다음의 목적지 장소로 떠나는 길이 시작되는 장소다.

클레베 엘자의 우물(Elsa Brunnen)

백조의 기사 로엔그린의 도시, 클레베

고대부터 입에서 입으로 구전되어 오다가 중세에 들어 전사된 설화로는 널리 알려진 〈백조의 기사 로엔그린〉이나 〈니벨룽겐의 노래〉가 있다. 이들은 문학작품보다는 바그너의 오페라로 더 유명해졌다.

바그너는 라이프치히 출신으로 주로 바이에른 주의 뮌헨과 바이로이트에서 활동하였다. 바그너의 〈로엔그린〉은 바이에른 왕 루드비히 2세의 낭만적인 성, 노이슈반슈타인 성을 '백조의 성'으로 널리 알려지게 했다. 사실 그 원천은 수백 년은 더 거슬러 올라가 중세시대, 구전되던 설화가 전사되면서 설화의 무대와 가장 깊이 관계된 곳이 있다. 바로 북서부 독일, 네덜란드와 인접한 국경도시 클레베였다. 고대 로마제국의 변방 도시로서, 중세시대를 지나면서 그리고 가까이는 제2차 세계대전의 격전지로서 다사다난한 일들이 땅 속에, 시간 속에 묻혀 있는 역사적인 곳이다.

크산텐,
보름스의 지크프리트

〈니벨룽겐의 노래〉는 지크프리트가 부르군트 왕의 여동생 크림힐트와 결혼하기까지의 영웅담에 결혼과 정치적인 음모가 얽히고설켜 종국에는 살인과 복수극으로 얼룩진 비극적 종말을 담은 드라마다. 구전으로 전해지던 이 영웅설화는 중세시대 필사되어 전해오는데 필사본에 따라 전체 분량이 조금씩 차이가 나긴 하지만, 대체로 2,400연에 이르는 2부로 구성된 긴 서사시 형식이다. 마지막 연에서 비극적으로 끝나는 인간사를 후대 사람들에게 이렇게 전해준다.

> 나는 여러분에게 그 뒤 무슨 일이 일어났는지 말할 수 없습니다. 단지 내가 얘기 할 수 있는 것은 기사들과 여인들과 기품 있는 종사(從士)들이 그들의 소중한 친구들의 죽음을 슬퍼했다는 사실이지요. 그 이야기는 여기서 끝을 맺게 되는데, 이것이 '니벨룽겐의 슬픔'이라는 것입니다.
>
> (〈니벨룽겐의 노래〉)

제1부는 중심 무대인 보름스를 비롯해 멀리는 아이슬란드에 이르는 넓은 지역을 무대로 한다. 지크프리트가 지닌 보물이 있는데, 원래 보물의 주인인 니벨룽겐 족은 난쟁이족이다. 니벨룽겐의 보물을 통하여 그 종

보름스 대성당 현관

족의 고향 노르웨이와 스웨덴 일대의 스칸디나비아 반도도 무대로 등장한다. 지크프리트는 용과 싸워 이기고 그 피를 덮어쓰면서 불사의 몸이 되었다. 그때 운명처럼 나뭇잎 하나가 지크프리트 등에 떨어져 나뭇잎이 떨어진 그 부위만은 용의 피가 묻지 않아 치명적인 부위로 남게 되었다. 지크프리트는 크림힐트와 결혼을 하고 행복하게 지내다가 어느 날, 부르군트 왕의 계략에 따라 인근 오덴 숲으로 사냥을 나갔다가 등에 창을 맞고 죽는다. 이런 식으로 이 영웅설화는 비극의 종말을 위한 시발을 알린다.

〈니벨룽겐의 노래〉는 중부 독일의 보름스와 그 일대를 중심으로 펼쳐지는 이야기에, 아이슬란드와 스칸디나비아까지 포함하면서 사실상 고대 사회를 형성하던 주요 영역과, 희미하게나마 유럽문화권으로 엮여 있던 그 일대를 총망라한다.

작품에 등장하는 무대 중 크산텐은 주인공 지크프리트의 고향이다. 그의 아버지는 크산텐 왕국의 왕이었고, 그는 왕자였다. 크산텐은 북유럽 일대에서 특히 게르만과 경계를 짓고 있던 로마제국의 중요한 변방 군단 본부가 자리했던 곳이었다. 그뿐 아니라 제2차 세계대전의 막바지 결정적인 일격을 가했던 공수작전의 목표지이기도 했다. 제2차 세계대전의 공수작전과 고대 로마제국 시절 로마 변방의 역사와 문화를 정리한 타키투스의 『게르마니아』의 기록과 함께 엮어 볼 수 있다.

지크프리트는 부르군트 왕의 동생 크림힐트와 결혼을 한다. 부르군트 왕과 측근은 불사신과 같은 지크프리트가 두려웠다. 그리하여 모종의 음모를 꾸며, 오덴 숲으로 사냥을 나갔다가 지크프리트의 유일한 약점이었던 등을 창으로 찔러 살해한다. 크림힐트는 오빠와 그의 측근이 만든 음모의 전모를 눈치 채고 복수의 기회를 노린다. 마침 훈족의 왕이 청혼을 하자 크림힐트는 훈왕을 이용해 복수를 하기로 다짐하고 재혼하기로 마음을 먹으며 제1부가 끝을 맺는다.

제2부에서는 극단으로 치닫는 파국이 그려진다. 그 종극의 무대는 훈족의 왕궁, 지금의 헝가리다. 크림힐트의 결혼행렬, 그리고 크림힐트의 초대를 받아 가는 부르군트 왕의 행렬. 도나우 강을 따라가던 일행은 파사우(Passau)에 이른다. 훈왕국까지 이들이 지나간 경로는 도나우 강을 따라가는 중세시대의 동서 교역로와 일치한다. 그리고 파사우는 예로부터 천혜의 요새이자 중요한 길목으로, 파사우 수도원은 이 지역의 중심이었다.

〈니벨룽겐의 노래〉는 구전으로 전해오던 설화를 중세 때 누군가에 의해 필사한 것이다. 중세 때 필사를 할 수 있는 인물이라면 수도원의 수도사일 확률이 높다. 누가 필사를 한 건지 전해지는 기록은 없지만, 필사본이 전해진 곳이 파사우 수도원이다. 그런 만큼 보름스에서 시작되어 헝가리에서 끝이 나는 이 긴 영웅설화의 산실은 보름스로부터 멀리 떨어진 파사우라고 보는 것이 일반적이다.

니벨룽겐 박물관

보름스의 니벨룽겐 박물관은 그 이름에서 알 수 있듯이 〈니벨룽겐의 노래〉를 주제로 한 박물관이다. 〈니벨룽겐의 노래〉는 역사적 사실이 아니라 구전 설화를 전사한 이야기이므로, 니벨룽겐 박물관은 허구의 이야기를 주제로 한 박물관이 되는 것이다. 픽션이란 어떤 경우라 하더라도, 혹 필사본을 전시하는 정도라면 모를까, 박물관 방식으로 전시할 수 있는 실제 유물은 없다. 전시할 자료가 없어서 박물관이 될 수 없다. 애초부터 테마파크라 했다면, 테마파크 콘텐츠의 다양성의 문제일 뿐 사실 왜곡과는 무관하니 사정이 달라진다.

보름스는 〈니벨룽겐의 노래〉 제1부 대부분의 무대가 된 곳이라서 니벨룽겐 박물관이 만들어진 모양이다. 니벨룽겐 박물관은 엄연히 박물관이란 구색을 갖추고 있는데, 허구를 박물관으로 만들 수 있는 뭔가 획기적인 아이디어를 보여준다면 그것만으로도 본전을 톡톡히 뽑는 장사가 아닐까 싶다. 과연 그게 가능할까 궁금하고, 또 한편으로 의구심이 발동한다. 공연히 헛걸음하는 건 아닐지 반신반의하는 마음으로 니벨룽겐 박물관을 찾아가고 있었다. 아무튼 박물관 간판을 내걸었다면 박물관의 철칙인 자료를 전시해야 할 이외 달리 뾰족한 수가 없다. 나름 철저하게 합리적이고 반듯하려고 노력을 기울이는 독일 사람들이 과연 허구적 이야기를 소재로 어떤 '진짜' 박물관을 만들었을까?

니벨룽겐 박물관 건물은 중세시대의 성벽 유지가 남아 있는 구간 한쪽 성벽에 의지하여 극히 작은 공간을 확보하여 박물관용으로 새로 건축해 놓은 것이었다. 얼핏 보면 임시 군용막사같이 단순한 의장으로 마무리를 해두었는데, 그런 관계로 이 박물관은 제대로 된 건축물이라 할 수도 없었다. 저기에 어떤 콘텐츠를 넣었을까? 타원형 평면에 좁은 전시 공간. 니벨룽겐 박물관에 대해 크게 기대한 것도 아니지만 여기에 뭘 어떻게 전시했단 건지 믿음이 가지 않았다.

필사본을 전시하는 것 외에 픽션을 바탕으로 역사화란 명분으로 그려놓은 그림 몇 점, 그것도 전시장에 걸어놓기 위해 급조한 그림을 걸어 놓는 억지 춘향 외의 다른 어떤 가능성도 없다. 혹 영웅설화를 바탕으로 시대적 배경이나 당시 사회적 배경을 연구한 자료를 덧붙여 전시할 수 있겠지만, 그 역시 실제적인 정보가 제대로 갖춰진 바탕에서 논의될 일이고, 어찌 보면 결국 필사본 하나 챙겨두는 것 외의 어떤 것도 기대할 수 없다. 그런 의구심과 궁금증은 니벨룽겐 박물관에 전시된 내용을 직접 만나면서 기발한 아이디어, 전시자료에 몰두하는 게르만 후예들의 진지함에 새삼

보름스, 니벨룽겐 박물관

놀라움으로 변하고 있었다.

박물관 내부는 원통형으로 된 첨탑구조의 홀 가운데에, 마치 과천 국립현대미술관 입구홀에 전시된 백남준의 비디오 아트 작품 다다익선처럼 모니터 탑을 우뚝 세워 놓고 그 둘레를 원형계단으로 둘러 올라가게 해놓았다. 계단참 곳곳에서 비디오 모니터와 별도로 빌린 오디오 기기를 통하여 해설을 들으며 수직 이동하여 나아가는 방식이었다. 관람객 모두 너무 진지하게 경청하는 통에 계단 통로에 정체 현상이 생길 정도이긴 하지만 그게 귀찮다기보다는 참으로 놀라운 아이디어라는 생각이 든다.

굳이 비디오와 오디오 시스템을 겸비한 전시방식이나 그걸 가능하게 하는 기기가 기발하다는 게 아니다. 나오는 내용이 놀라웠다. 오디오로는 그간 축적되어온 설화문학의 연구결과들을 나열해 들려주는 것으로 충분

보름스, 니벨룽겐 박물관

할 수 있으니 그렇다고 치더라도 비디오 자료는 전혀 차원이 다른 문제다. 모니터에는 짤막하게 편집되어 특정한 주제를 잘 설명해주는 영상자료가 다루어지고 있었다. 유심히 보니 1930년대에 제작되었던 프리츠 랑 감독의 무성영화 〈니벨룽겐의 노래〉 장면들이었다. 그렇다면, 이 박물관은 〈니벨룽겐의 노래〉 필사본을 위한 자료관이 아니라 프리츠 랑 감독의 영화를 주로 소개하는 전시관을 겸하는 셈이었다.

필사본 여부가 문제가 아니라 〈니벨룽겐의 노래〉는 그리스로마신화와는 궤를 달리하는 북유럽신화 계통의 영웅담을 다룬 서사시다. 이 박물관은 그걸 한 축으로 하고 영상자료로서 랑의 무성영화를 다룬 영상자료관이라는 복합적인 기능과 의미를 한데 버무려 놓았는데 허구를 주제로 한 박물관, 니벨룽겐 박물관 건립은 물론 쉬운 기획이 아니었을 것이다. 한편으로 고대 설화 문학을 다루고, 다른 한편으로 고전적 무성영화를 중심으로 한 문화사적인 것을 추가해서, 둘의 공통부분으로 박물관의 기초 자료로 삼아 그 한계를 해결한 것이었다.

하늘에서 내려다보기

독일고속철 ICE를 타고 대도시들이 연이어 즐비한 라인공업지대 뒤셀도르프까지 갔다. 그리고 지선 완행열차를 갈아타고 서쪽으로 달려가고 있었다. 비가 조금씩 뿌려지는 저녁 무렵, 헐떡이며 달려온 기차는 국경 끝머리의 종착역 클레베(Kleve)에 닿았다. 기차에서 내리는 다른 승객은 없었다. 여기까지 오는 동안, 같은 칸에 있던 승객들이 하나씩 사라지고 다시 승차하는 사람이 없기는 했지만, 다른 칸에 누군가가 있으려니 했지 설마 이럴 줄 상상이나 했겠는가. 얼마 동안 열차를 나 혼자 통째로 빌렸는

클레베

지 모를 일이었다.

얼마만 더 가면 벨기에와 네덜란드 국경이 나올 텐데, 기차는 더 이상 가지 않고 여기서 멈춘다. 제2차 세계대전 때의 앙금인가, 아니면 굳이 여기가 아니더라도 훨씬 더 좋은 차도며 철로가 나 있어서 국경 바깥으로의 교통은 거기에 맡기고, 클레베는 그저 조용히 국경도시로 막다른 길을 맞이하고 있겠다는 건지 모르겠다. 아무튼 이 국경도시는 기차 종착역이 되어서 모든 발길을 멈추게 한다. 백조의 기사 로엔그린의 무대를 따라 중세의 고성 백조의 성을 만나려던 내 발길은 일부러 오지만 찾아가는 마니아이기라도 한 듯 또다시 독일 서북부 구석을 찾아들게 한 것이다. 그러다가 문득, 굳이 일부러 그러려던 것은 아닌데 왜 나는 허구한 날 거의 국경지대만 찾아다니나 싶은 생각이 들었다.

국경도시 클레베까지 간 것은 백조의 기사 설화의 무대를 찾아가기 위해서였다. 그러니만큼 백조의 기사와 연계되는 것들을 찾아 그 흔적을 탐문해 보지만, 이유 없이 이 도시에서는 백조의 기사에 대한 별다른 성과를 기대하기는 어렵겠단 생각이 든다. 깨끗하고 산뜻하긴 하지만 전형적인 역사도시가 되기에는 도시의 모습이 너무 현대적이다. 중세풍의 거리와는 다르다. 활기찬 도시의 모습이라도 기대해야 할 텐데 그 역시 보장할 수 없을 것 같다.

아직 도시의 활기를 느끼기기도 전, 온 동네 가게가 모두 문을 닫은 시내 한복판, 조용하다 못해 적막함이 감도는 거리를 잠시 배회한다. 절간처럼 조용하다. 국경지역, 기차의 종점이라 그렇다기보다는 독일 대부분의 도시는 초저녁이면 모든 상점이 다 문을 닫고 조용해진다. 이런 일

클레베 성

에 익숙하지 않은 사람이라면 참 당황스러울 것 같다. 아무리 가게들이 모두 문을 닫았다 하더라도 어떻게 이리도 조용할 수 있을까.

조성된 지 얼마 되지 않은 듯 깨끗한 거리를 한가롭게 거닐면서 내일 아침, 잠에서 깨어난 이 동네는 얼마나 활기찬 곳일지 상상해본다. 워낙 작은 동네인지라 잠시 돌아보는 것으로 구도심의 윤곽이 거의 드러난다. 도심 중심가로에서 살짝 벗어난 곳으로 오르막길이 있다. 그 길을 따라 옛 성으로 들어가는 언저리까지 가 보았다. 성채의 망루에서 내려다보이는 도시는 손을 내밀면 곧 잡힐 듯 가까이 있다. 한손에 꽉 잡혀들 정도로 아담하고, 그래서 더욱 정겹다.

옛날 어느 영주가 딸만 남겨두고 세상을 떠났다. 영지를 물려받을 아들이 없다보니 영주의 딸과 혼인을 명분으로 영지를 차지하고자 한 뭇 남자들 때문에 딸은 어려움을 겪었다. 그러던 중 한 백작으로부터 모함을 받고 궁지에 몰린다. 그녀의 기도가 하늘에 닿았는지 백조가 끄는 배를 타고 정의의 사도, 백조의 기사가 나타났다. 백조의 기사는 영주의 딸을 도와 위기를 모면하게 해준다. 대략 이러한 줄거리다. 오랜 세월 구전으로 내려오던 이 이야기는 중세시대 누군가에 의해 필사본으로 만들어졌다. 필사본의 특성 상 여러 종류의 이야기가 전해지고 조금씩 내용이 달라진다.

백조의 기사 로엔그린 이야기가 전해지는 무대 중 가장 오래된 곳으로 클레베가 꼽힌다. 클레베는 중세부터 브라반트 백작 가문을 영주로 하여 이어져오던 백작령 도시다. 중세시대 필사가 성행하고 가문의 위상을 올리는 일이 유행하던 즈음 클레베 브라반트 백작 가문은 구전으로 전해오는 백조의 기사 이야기의 필사를 지시하면서 자기 가문의 내력으로 끌어온 것으로 추측된다. 이 이야기를 바탕으로 하고 보면, 클레베의 영주 브라반트 가문은 백조의 기사 로엔그린의 아들로부터 이어지는 그의 후손이 되는 것이었다. 그리고 클레베 성이 오래 전부터 일명 백조의 성이란 이름을 가지게 된 근거가 만들어진 것이다.

클레베, 보행자거리

다시 오랜 세월 동안 백조의 기사 이야기는 세인의 관심에서 벗어나 있었다. 19세기 후반 백조의 기사 설화는 바그너의 오페라 〈로엔그린〉으로 다시 태어나면서 그 명성이 부활하게 되었다.

바그너의 오페라는 '악극'이라고 부른다. 독일어로 'Musikdrama'라는 말을 그대로 옮긴 것이다. 바그너의 오페라는 이탈리아 오페라와는 다른 형식을 띠고 있어서 별도로 구분해서 독일식 이름으로 부르는 것이지만, 오페라보다는 악극이란 말이 바그너의 음악에 더 잘 어울리는 것 같다. 〈로엔그린〉 〈마탄의 사수〉 〈라인의 황금〉, 〈니벨룽겐의 반지〉 등 바그너의 음악은 여리지 않고 강하며 장중한 데다 잘 모르는 사람이라 하더라도 왠지 그 무대가 묵직할 것 같다는 느낌을 받는다. 바그너의 음악에는 드라마가 있고, 그는 드라마 같은 음악을 했다.

바그너가 그의 영원한 후원자인 바이에른 왕 루트비히 2세와 인연을 맺게 된 것은 〈니벨룽겐의 반지〉의 초연 때였다. 그때부터 바그너는 든든한 후원자를 얻었을 뿐 아니라 망명으로 이어진 떠도는 삶에서 벗어나 음악적 대가로 탄탄한 걸음을 내딛게 되었다.

백조의 기사는 여러 이름으로 전해지고 있지만, 바그너는 백조의 기사를 로엔그린으로 정했다. 오늘날 전 세계적으로 유명한 관광지이기도 한, 바이에른 왕 루트비히 2세가 세운 동화의 성인 노이슈반슈타인 성은 바그너의 〈로엔그린〉에서 영감을 얻고, 바그너의 오페라 장면을 구현하려고 했던 건축이었다. 그래서 이름마저 슈반슈타인, 백조의 성이라고 붙였다. 그렇다면 원조 백조의 성은 어디일까? 굳이 역사적인 깊이를 따지자면, 노이슈반슈타인 성보다는 클레베의 백조의 성이 훨씬 오랜 역사를 지니고 있다. 바이에른의 노이슈반슈타인 성이 백조의 기사 백조의 성으로 세계적 명성을 가지고 있다고 한다면, 클레베의 성은 중세 이래로 유지해온 오랜 역사와 전통을 가진 백조의 성이다.

활기찬 도시

클레베 성으로 올라가는 언덕길이 시작되는 즈음, 작은 광장이 하나 있다. 광장 한쪽에 재미있는 군상의 조형물이 설치되어 있다. 대략 보아하니 여기는 원래 있던 광장은 아닌 것 같다. 원래 차도가 여럿 지나는 교차로였던 곳이었는데 이 일대가 차 없는 길이 되면서 자연히 확보된 오픈스페이스고, 그렇게 광장이 조성되었다. 작은 연못이 만들어져 있는데, 물가에 걸쳐, 사람과 거위가 하나의 군상이 되어 얽혀 있는 조형물 구성이 재미나다. 일가족으로 보이는 네 사람과 큰 날개를 활짝 펴고 한껏 화난 표정으로 옷깃을 물고 늘어진 코믹한 모습의 녀석은 보기에 따라서는 거위 같기도 한

클레베, 엘자의 우물

클레베, 엘자의 우물

데, 사람보다 크고 거위치고는 덩치가 상당하다.

우람한 체구의 중년부인이 잘 구부려지지 않는 굵은 허리를 잔뜩 굽혀 가며 두 팔을 벌려 내뻗고 있고, 두 사내아이는 두어단 아래에서 울부짖는 모습으로 비쩍 마른 한 사내의 옷깃을 잡아당기고 있는데 아랫도리가 없다. 마른 체구의 사내는 아이들에게 옷깃이 잡혀 당겨지고 뒤쪽에서는 거위에 옷이 물리어 잔뜩 잡아당겨지고 있지만 끌려가지 않으려 용을 쓴다. 무척 동적인 형상인데 잔잔한 수조의 수면에 비치는 통에 꽤 정적으로도 보이는 참 묘한 조합이다. 이리저리 오가며 한참을 보아도 상당히 재미있다.

군상으로 표현된 조형물은 사실적이면서 팽팽한 긴장감이 돌고, 그런가 하면 전체적으로는 약간 우스꽝스러운 분위기가 감돌아 묘한 흥미를 끈다. 수조와 어우러진 코믹한 모습의 이 환경조형물은 클레베의 저녁 조용해진 거리에 한참 동안 볼거리를 주었다. 어디에도 조형물의 의도나 해설이 된 무언가를 볼 수는 없다.

백조가 끄는 보트를 타고 온 기사이야기, 백조의 기사 혹은 로엔그린이란 제목으로 여러 버전의 이야기가 전해진다. 각 버전에 따라 이야기의 무대가 되는 도시가 달라지거나 주인공의 이름이 달라지며 혹은 이야기의 전개상 서로 연결되는 부위들이 조금씩 달라진다. 독일의 동화모음집으로 유명한 그림형제의 독일 민담전설집에만 해도 서너 버전의 백조의 기사

이야기가 실려 있다.

711년, 클레베의 영주 디트리히가 죽자 무남독녀인 베아트릭스가 클레베와 주변의 많은 영지의 주인이 되었다. 어느 날 클레베 공주가 님베겐 성에서 라인 강을 내려다보고 있는데, 백조가 이끄는 배를 탄 기사가 나타났다. 기사는 클레베 주변의 적들을 물리치고 공주와 결혼했다. 자기를 엘리아스라고 밝힌 기사는 베아트릭스에게 절대 자신의 출신에 대해 물어서는 안 된다고 경고했다.

(그림독일전설집「배를 끄는 라인 강의 백조」)

백조가 끄는 배를 타고 온 로엔그린은 브라반트 영주의 딸과 결혼하여 아이도 낳고 잘살았다. 그런데 결혼의 조건으로 기사는 아내에게 자기의 이름이나 출신에 대해서 절대 물어보지 말아야 한다는 약속을 했다. 이 약속을 지키지 않으면 백조의 기사는 불가항력으로 하늘로부터 부여받은 강력한 힘을 잃고, 또 사랑하는 아내 곁을 떠나야만 하는 것이었다. 그러나 아내는 이 약속을 끝까지 지켜내지 못했다. 남편에게 이름과 출신에 대해 묻는 바로 그 순간, 백조의 기사가 자기는 로엔그린이며 자기를 태우러 다시 나타난 백조가 끄는 배를 타고 원래 있던 곳으로 돌아가야 한다며 아내와 자식을 두고 그만 떠나가 버렸다.

두 사람 사이에 태어난 아이들이 있었다. 그리고 많은 세월이 흐른 어느 날, 베아트릭스는 아이들이 컸으니 남편에게 출신을 말해 주는 것이 좋지 않겠느냐고 물었다. 그 순간 기사는 백조가 이끄는 배를 타고 사라졌고, 베아트릭스는 그해를 넘기지 못하고 죽었다. 그들의 후손들은 아직도 살고 있다. 클레베 성에는 높은 탑이 있다. 탑 꼭대기에는 백조 풍향기가 돌고 있다. 이 사건을 기리는 의미에서 사람들은 이 탑을 백조의 탑이라고 부른다.

(그림독일전설집 「배를 끄는 라인 강의 백조」)

가장 극적인 순간은 백조의 기사 로엔그린이 원래 자기가 타고 왔던 백조가 끄는 배를 타고 처와 자식들을 두고 떠나가야 하는 장면이다. 클레베 광장의 조형분수는 로엔그린의 바로 그 장면을 그린 것일까? 그렇게

클레베, 엘자의 우물

약속이 깨지고 백조가 끄는 배를 타고 떠나야 하는 로엔그린과 그를 보내야 하는 가족들의 안타까운 이별의 순간, 그 장면을 극히 현실적으로 표현하면, 우아해야 하는 백조는 성난 표정의 거위처럼 보일 것 같다. 후줄근한 중년의 촌부는 로엔그린이고, 허리가 펑퍼짐한 중년 여인은 영주의 딸이 될 것 같다. 어린 아이들은 로엔그린의 두 아들이자 클레베 영주 가문의 선조인 셈이다.

클레베의 조형물에는 '엘자의 우물'이라는 제목이 붙어 있다. 작가는 그 순간을 표현하였다. 백조의 기사 이름은 필사본 종류에 따라 때로 로엔그린이 되기도 하고, 엘리아스가 되기도 한다. 엘리아스인 경우 영주의 딸 이름은 베아트릭스이며, 로엔그린일 때 영주의 딸 이름은 엘자다. 조형물이 로엔그린과 액자의 이별 장면을 표현한 것일 첫 번째 가능성은 바로 작품 이름에 있다.

자세히 관찰해 보면 촌부의 얼굴이 어디선가 본 듯 낯설지가 않고, 어디서 많이 본 것 같다. 어디서 봤을까? 툭 튀어나온 앞이마에, 보면 볼수록 바그너다. 엘자의 이름을 가져온 데 이어, 촌부의 모습에 바그너의 얼굴을 넣어둔 것으로 작가는 이 조형물이 로엔그린의 극적인 순간을 표현한 것임을 확실히 해 두었다. 아무튼 결과적으로 로엔그린의 이야기는 조형물의 코믹한 조합 속에 꼭꼭 담겨 잘 포장되어 있다. 근엄한 표정의 엘자와 로엔그린 그리고 영주 가족의 기념상이 아닌 것이 현대 도시의 장식요소로서 환경조형물의 의미와도 잘 맞아떨어져 여행자의 시선을 끈다.

제2차 세계대전의 플런드-바시티 작전과 클레베

클레베 성

클레베는 백조의 기사의 도시이자 중세설화의 장소로 전해지는 곳이지만 고도의 분위기가 제대로 물씬 풍기는 곳은 아니었다. 나무랄 데 없는 적당한 규모에 깔끔하여 가히 전형적인 독일의 소도시로 꼽기에 손색이 없을 듯 싶었지만, 애초 내 여행의 목적과 관련해 보자면 클레베는 중세도시의 면모를 간직하고 있어야 했다.

여행 중 우연히 받아든 한 장의 클레베 사진에는 완전히 폐허가 된 모습이 담겨 있었다. 제2차 세계대전이 끝난 직후 사진인 모양인데, 공습을 받아 도시 전체가 하나도 남김 없이 융단 폭격을 받은 모습이었다. 그런 이유로 클레베는 옛 모습이 아닌 현대의 깔끔한 도시로 거듭나게 되었던 모양이다. 그건 그렇다 치더라도 여기가 왜 그리 쑥대밭이 되도록 공습을 받았어야 했는지 그 이유를 알 수 없다. 공업지대였던 것도 아니고 그렇다고 군사 요지였던 것도 아닌데, 굳이 별 필요 없는 이런 외지의 작은 도시를 왜 그렇게 처참하게 포격을 해대야 했을까? 그렇게 이유도 모르고 찜

찜한 채 여행을 마쳤다.

클레베 성 중정

여행을 마치고 집에 돌아오니, 그늘에 들어서면 춥기까지 했던 북유럽 여름 날씨에서 벗어나 갑자기 무덥고 찌는 한여름 날씨였다. 여행을 다녀올 때마다 그랬던 것 같은데, 장거리 여행 끝에 오는 다소의 피곤함과 고단함, 시차적응이라는 측면도 없지 않으나 무엇보다도 무더위에 적응되기 위해서라도 항상 하루 이틀 정도 빈둥대는 시간이 필요했다. 클레베를 다녀온 그해에도 역시 하루 이틀은 시차와 무더위에 적응하고 고단함으로부터 회복 등의 이유를 핑계로 빈둥거릴 뭔가를 찾고 있었다. 책꽂이를 뒤적이며 소일거리를 찾던 중, 미처 예전에 사 놓았던 DVD 전집이 눈에 띄었다. TV 시리즈로 인기리에 방영되었던 〈밴드 오브 브라더스(Band of Brothers)〉였다. DVD 5매에 모두 10회 방영분이었으니 한 회당 한 시간만 잡아도 최소 10시간을 버틸 수 있어 안성맞춤이었다. 〈밴드 오브 브라더스〉는 제2차 세계대전 막바지, 노르망디 상륙작전 D-Day에 투입된 미 101공수사단 E중대원들의 참전 경로를 따라가며 다큐멘터리처럼 사실적으로 여러 에피소드를 담은 대하드라마였다.

클레베, 중심가

몇해 전 용산전자상가에 갔다가 사온 건데, 다 보려면 너무 오래 걸릴 것 같아 그냥 내버려두었다. 앉은 자리에서 잠시도 눈을 떼지 않고 감상하면서, 클레베에서 해결하지 못했던 미스터리가 풀렸다. 즉 1944년 D-Day 상륙작전과 함께 대공세를 펴던 연합군은 최후의 일격이 될 라인 강 도하 작전을 편다. 네덜란드로부터 하늘과 땅의 양면 공격으로 라인 강 하류에서 강을 건너는 공수작전이었다. 이 작전이 성공한다면 그해가 끝나기 전에 오랜 시간을 끌어온 이 전쟁이 끝날 수 있었지만, 아쉽게도 이 작전은 실패로 끝난다. E중대도 거기에 투입되었다가 작전이 실패한 후 네덜란드에서 벨기에, 룩셈부르크, 프랑스 동남부 방면으로 남하한다. 주로 룩셈부르크와 프랑스 접경지대 삼림에 주둔하면서 소강상태로 겨울을 맞게 되

클레베, 연립주택 앞뜰

고, 이어 전쟁 막바지에 있었던 독일군의 대대적인 공세가 있었던 발지전투며 국지적으로 연합군의 라인 강 도하와 독일군의 점차적인 라인 강 너머로 후퇴의 전략작전이 오가는 가운데 있었던 레마겐 다리를 중심으로 펼쳐진 드라마틱한 이야기들이 모두 이 시점에 E중대원 근처에서 벌어졌던 전투들이다.

그러던 중, 새로운 라인 강 도하작전 플런드-바시티 작전이 펼쳐졌다. 네덜란드에서 연합군이 장갑차 군단으로 지상을 통해 크산텐으로 진격해가는 작전과 함께, 미리 공수부대가 라인 강 너머의 베젤 삼림지대에 투하되어 교두보를 확보하면 지상군은 크산텐에서 교량을 가설하여 도하하여 베젤을 점령하는 양면 공격을 한다는 전략이었다. 육상의 플런드와 공수의 바시티가 합쳐진 양면 작전의 경로를 보면 클레베가 바로 거기 한가운데 들어가 있다. 이 작전에는 E중대가 참여하지 않았기에 〈밴드 오브 브라더스〉에서는 이를 직접 다루지 않았다. 약 10초가량 E중대가 소속된 대대의 작전참모 잭슨 대위가 북쪽으로 어떤 공수작전에 참관 장교로 갔다가 돌아와 중대장과 지프차를 타고 가면서 나누는 대화 장면이 나온다. 잭슨이 참관했다는 그 공수작전이 플런드-바시티인 것이다.

전차군단이 크산텐을 향해 진격하는 경로였던 클레베를 대대적으로 포격하고 공습해 놓고 전차군단과 지상 보병은 크산텐으로 진격해 갔다. 클레베가 쑥대밭이 되는 것은 지극히 당연했다. 작전이 거의 성공한 것을 감지한 것이었을까, 아니면 그만큼 결정적인 타격을 줄 수 있는 중요성 때문이었을까? 아직 작전이 완료되지 않은 전장에 영국의 처칠 수상이 나타났다. 거의 폐허가 된 클레베 성에 올라 끝없이 펼쳐진 들판과 그 너머로 보이는 라인 강 도하 지점쪽 전황을 살펴보았을 것이 분명하다. 클레베에서 곧이어 크산텐으로 지나 베젤로 건너갔다. 클레베가 오늘날, 중세의 모습을 담은 고도시가 아니라 아담하고 정갈한 소도시로 남아 안으로만 백조의 기사 이야기를 품고 있게 된 이유를 그렇게 재구성할 수 있다.

슈베린
브란덴부르크 주
작센안할트 주
베를린
포츠담
마그데부르크
데사우
바트 무스카우
라이프치히
작센 주
튀링겐 주
드레스덴
에르푸르트
예나
바이마르
일메나우
독일
동부

베를린, 알테스무제움(Altes museum) 광장

분단 시절의 동-서 베를린

17-18세기 즈음, 베를린을 중심으로 크게 성장해 가던 프로이센은 나폴레옹의 세력 확장과 마주치면서 전쟁에서 패배하고 점령을 당하면서 극단의 몰락을 맞지만, 나폴레옹의 몰락과 함께 프로이센은 옛 명예와 세력을 회복하려는 일련의 움직임이 있었다. 19세기 초 프로이센의 강력한 중앙집권적 제국의 성립 과정에서 베를린은 프로이센의 왕도로서 새로 거듭난 기념비적 도시 기반을 마련한다.

제국의 성립과 프로이센의 왕도로서 새로 거듭나는 과정에서 베를린은 독일의 중심도시이자 대도시로 성장할 기반을 갖추었다. 동서 분단 시절, 동베를린과 서베를린은 각기 독자적으로 발전하였고 통일과 함께 통일독일의 수도로 거듭났다. 베를린은 탁월한 건축가와 조경가들의 작품으로 새로운 도약을 맞았다.

분단국가이기에 아팠다

독일이 통일되었다는 소식을 듣고서 내심 반가웠다. 통일된 국가니 하나가 되는 독일의 염원 같은 그런 것에 내가 상관할 바는 아니지만, 분단시절에는 가 볼 수 없었던 동베를린이나 동독 지역 깊숙한 곳에 있는 유적지에 가 볼 수 있다는 생각에서 그랬을 것이다.

유학 시절 당시 분단되었던 동베를린에 다녀올 뻔한 기회가 있었다. 동베를린으로 단체 여행을 가는 프로그램으로, 대학에서 주관한 일종의 수학여행이었는데 비용 또한 무료였다. 학교에서 주관하는 여행이니 안심하고 동베를린에 가 볼 수 있겠다고 순진하게 생각한 나는 절대 그 여행을 포기할 수 없었다. 혹시나 인원이 차면 참가하지 못할까 부지런히 달려갔다. 담당자가 내 국적을 확인하고는 여행 신청은 할 수 있지만, 다른 사람들과는 약간 다른 조건이 있다고 했다. 함께 단체 여행을 하다가 서베를린을 둘러보고 동베를린으로 넘어갈 때 나는 함께 할 수 없다는 거였다. 그럼 어떻게 되냐고 물었더니 다른 일행이 동베를린을 다녀올 동안 서베를린에서 혼자 놀고 있으라는 거였다. 내가 원했던 건 동베를린에 가는 것인데 거길 함께 갈 수 없다니 그게 무슨 소용인가. 그래서 결국 그 여행은 신청조차 하지 않고 포기했다. 그때는 정말 세상물정 모르고 그랬지만, 만일 동독에 진짜 갔었다면 나는 그 후 수십 년 동안 귀국도 못하고 망명객처럼 떠돌아야 했을지도 모른다.

베를린, 알테스무제움 광장

독일이 통일되고 한참이 지난 뒤, 구 동독 지역을 찾아가 볼 기회가 있었다. 폴란드와 국경을 접하고 있는 외진 동네에서 마지막 기차를 기다리다 난민으로 오해받아 불심검문을 당하기도 했고, 나름대로는 고생을 꽤 하면서 둘러본 통일이 된 지 6년이 지난 즈음의 동독 지역에는 여전히 위험한 구석이 있었다.

그렇게 통일된 독일에 첫발을 디디며 구 동베를린으로 갔다. 맨 먼저 달려간 곳은 무제움 암 루스트가르텐이란 긴 이름을 가진 박물관이었다. 간단히 알테스무제움이라 부르기도 한다. 고대 신전처럼 웅장하게 열주를 전면 가득하게 앞세운 이 기념비적 건축의 인상은 매우 강인하다는 것이었다. 시커멓게 때가 묻어 더욱 오랜 세월을 느끼게 해 주었다. 박물관 앞마당은 원래 루스트가르텐이란 이름의 도시공원이 있었던 곳인데, 나치에 이어 동독시대를 지나면서 대규모 시위와 집회가 열리던 광장으로 되어 있어서 더욱 강렬한 인상을 주었다. 아무튼 이 첫 느낌은 강력함 그 자체였다.

이 박물관을 설계한 사람은 프로이센의 궁정건축가 싱켈이다. 당시 프로이센은 나폴레옹 치하에서 벗어나 독립국가로서 새로운 국면을 맞이하던 때였고 왕은 선왕들의 업적을 기리는 기념비적인 건축물을 건립하라고 지시했다. 싱켈은 심혈을 기울여 설계안을 마련했다. 그러나 설계안에 대한 왕의 재가를 받지 못한 채 세월만 흘렀다. 이 일을 두고 여러 상황을 들어 추측할 수 있으나, 간단히 보자면 설계안이 왕의 마음에 차지 않았다는 뜻일 것이다.

몇 해 동안 감감 무소식이던 박물관 건축 설계안은 어떤 그림 한 점이 진상되고 보름 정도 지난 무렵 갑자기 시행명령이 떨어졌고 곧바로 건축에 착수하게 되었다. 알테스무제움 건립 결정이 난 것과 그림이 진상된 일이 시기적으로 거의 겹쳐진다. 우연히 겹친 듯 보이는 두 일은 사실 우연이 아닐 수 있다. 혹 현장에서 직접 눈으로 만나고 확인할 수 있다면 그림과 건축 간에 놓인 뭔가 짚이는 게 나오지 않을까, 그런 여러 가지 일로 해서 반드시 동베를린에 가 봐야 했는데, 그게 (당시로서는) 불가능하니 더욱 궁금했다.

루스트가르텐의 응시

베를린, 알테스무제움 광장

내가 19세기 문학과 회화 전반에서, 특히 낭만주의 회화에 관심을 가지게 된 것은 하노버 어느 미술관의 독일낭만주의 회화 특별전을 보면서다. 독일 낭만주의 회화의 선두주자 카스파르 프리드리히(Caspar David Friedrich), 그의 대표작 〈해변의 수도사〉는 북해 해변을 사실적으로 표현한 작품이다. 가로로 길게 놓인 화폭에 또한 길게 수평 구도로 표현된 해안선 백사장에 작은 손가락 한마디 정도 될까 싶은 작은 크기로 수도승 한 사람을 더해놓았는데, 독일 낭만주의 회화를 대표하는 작품이다.

싱켈은 건축가이자 화가였다. 화가로서 그의 대표작은 〈그리스 전성시대의 응시〉라는 작품이다. 그 그림을 만난 것도 하노버의 낭만주의 회화 전시회에서였다. 프리드리히의 〈해변의 수도사〉처럼 가로로 길게 확장시켜 놓은 특수한 사이즈였는데, 그림의 내용으로 봐서는 무척 대작 같은 느낌이지만 실제 그림의 크기는 일반 가정집 벽에 걸어놓아도 좋을 만했다. 원본이 아니어서 그럴지도 모르겠다. 원본은 제2차 세계대전 막바지에 베를린 공습이 있는 과정에서 소실되었고 이 작품은 원본이 남아 있지

싱켈 〈그리스 전성시대의 응시〉 (1825년작)

않다. 그래서 그 전시에 나온 것은 몇 점 남은 복제품 중 하나였다. 가로로 길게 펼쳐진 그림으로, 한창 건설 중인 고대신전 현장이 화폭 가득 차도록 전면에 걸쳐 표현되어 있다. 한창 신전이 건축되고 있는 현장과 함께 고대 그리스 도시국가의 한 면모를 생생하게 그려 놓았다. 일에 열중해 있는 인부도 있고, 일하다가 그 상태에서 멀리서 일어나고 있는 어떤 구경거리에 한눈을 팔고 있는 인부도 있다. 거의 골조가 완성되어가는 한 시점, 건설 현장의 신전 지붕 현장이 전경을 이루었고, 신전을 건설하고 있는 인부들이 신전의 지붕 층 정도 되어 보이는 현장에서 그 광경을 물끄러미 바라보는 모습이 그려져 있다. 원경으로 보이는 고대도시의 번창한 모습과 굽은 해안과 해안가 언덕이 장대하게 파노라마를 이루었다. 중경의 대부분을 이루는 숲 사이로 개선 행진해 오는 군대 행렬이 펼쳐져 있다. 왕녀의 약혼식에 맞춰 축하선물로 제작된 것이었다.

이 그림의 제목 '응시'는 그리스 전성시대를 들여다보는 행위와 관련이 있다. 고대 그리스의 어느 전성시대를 누리는 한 시점을 바라본다는 것이거나 바라보이는 광경을 의미한다. 따져 보자면 조금 이상한 부분이 있다. 왜 굳이 고대 그리스 도시국가의 전성시대 장면이며 왜 '응시'일까. 인부들의 눈길은 자신이 속한 전성시대를 즐기며 자부심 가득한 그런 느낌을 품은 눈길인데, 자신이 속한 그 시대의 그 땅, 그 나라, 그 도시에 대한 자부심 어린 눈길은 조망하는 눈길이지 그런 걸 응시라고 하지는 않는다. 응시의 문제로 돌아와 보면, 그림 속 인부들의 시각에서 붙인 응시는 분명 아니다. 자칫 너무 그림 평론이 될 것 같아 이 정도에서 그치는 게 좋겠지만, 그러나 분명한 사실은 싱켈은 이 그림으로 고대의 한 순간을 생생하게 표현해 낸 그 이상의 은유를 담아놓은 것이 틀림없다.

알테스무제움

피렌체, 피에졸레 메디치 빌라

여기서 응시가 뜻하는 바에 대해서는 공간론적으로, 경관론적으로 설명해 볼 수 있다. 그 근원으로는 이탈리아 르네상스 시대의 대발견인 원근법과 관련된다. 한 시점에서 보이는 광활한 건축 외부공간을 그림으로 표현하는 방법이 원근법이고 바라보는 방식이 조망이다. 그리고 이들은 이탈리아 르네상스 정원의 구성기법으로 정착되어 간다.

유럽 정원의 역사를 놓고 고민을 하다 보면, 그 원천으로 여겨지는 대표적인 곳은 피렌체 근교 피에졸레의 언덕 중턱쯤에 있는 메디치의 빌라다. 메디치 빌라 같은 이탈리아 르네상스 시대에 등장한 건축과 정원을 들여다보면, 유럽의 정원은 그즈음을 기준으로 그전과 후가 달라진다. 그전에는 거의 존재하지 않았던 공간구성상 기법이나 개념이 정원을 조성하는 데 개입되기 시작하여 이후 정원 조성의 기본 바탕을 이루어간다. 아니 '그렇다'는 것보다는, 메디치가와 정원이 비스듬히 바라보이는 곳에서 만난 정경, 거기를 무심히 들여다보다가 문득 든 생각이기에 '그렇게 여겨지는 것'이라는 게 보다 맞는 이야기일 거다.

메디치 정원은 비탈진 기슭에 대지 고르기를 하여 몇 단의 계단식 테라스를 만들었고 거기에 나무도 심고 잔디도 입히고 꽃도 심으며 기타 소소한 정원시설물을 설치했을 수도 있다. 그런데 그곳에 서면 멀리 피렌체 두오모의 웅장하게 솟아오른 모습을 중심으로 피렌체의 도시 전체가 한눈에 내려다보이고, 그 일대의 광활한 경관이 한 손에 다 들어오는 장관이 펼쳐진다. 메디치 빌라의 정원이 정원의 역사에서 한 획을 그은 것은 그 정원의 수목이며 정원 시설물에 있는 것이 아니라, 멀리 외부공간을 바라보는 시점을 확보하고 그걸 용의주도하게 장악할 수 있는 자리에 빌라와 정원을 만든 것에 있다. 공간구성을 위한 개념이자 그런 시점을 확보하는 공간을 구성하는 기법이 보이는 것이다.

메디치 빌라에서 멀리 피렌체 시내를 원경으로 바라보는 것은 (응시라고 하지 않고) 조망한다고 한다. 피에졸레 언덕의 메디치 빌라를 정원과 함께 잘 들여다보게 해주는 한 장의 사진, 그걸 손에 올려놓고 들여다본다. 이렇게 들여다보는 걸 두고 조망한다고 하지 않는다. 조망과 응시의 차이는 실물이냐 사진이냐 그림이냐가 아니라, 직접 관련된 사람의 입장이냐 제3자적이냐의 차이일 것이다. 싱켈은 〈그리스 전성시대의 응시〉 이 그림을, 누군가가 손에 올려놓고 혹은 벽에 걸어놓고, 제3자의 입장에서 바라보도록 하려는 의도에서 그랬고, 그런 거라면 당연히 이 그림은 '응시'한다는 걸로 제목을 붙이는 게 맞겠다.

상수시,
근심 없는 곳

상수시 정원은 베를린 근교 포츠담에 있다. 사업차 들렀거나 혹은 여행 중 베를린에 왔다가 한나절 정도 짬을 내어 어디를 좀 가볼까 한다면 포츠담이 괜찮을 것 같다.

정원에서는 정원을 만든 사람의 이야기, 정원을 가꾼 사람들의 이야기 등 정원에 담긴 많은 사람들의 이야기를 만날 수 있다. 그래서 한두 번 가본 것 가지고는 그 정원에 대해 아는 바를 펼쳐 놓기 어렵다.

포츠담, 상수시 궁원

어느 정원에나 그 정원을 조성한 작정자(作庭者)가 있기 마련이다. 정원 감상에서 정원에 구현된 세계를 잘 이해하기 위해서는 작정자에 대해서 잘 알아두는 것이 중요하다. 비단 상수시 정원에 국한된 이야기가 아니라 어느 나라 어느 시대의 정원이라 하더라도 마찬가지다. 아무튼 정원에 대해서라면 뭐라고 추천하거나 이야기하기가 쉽지 않다. 그럼에도 불구하고 포츠담의 상수시는 권하고 싶다. 이곳이 대단히 훌륭한 정원이어서가 아니다. 같은 정원 양식에 속하는 바로크 시대의 정형식 정원들이라면 어지간해도 상수시보다 볼거리가 많고 높은 수준의 정원일 수 있기 때문이다. 상수시 정원을 찾아보는 건 유럽 최고의 계몽군주로서 프로이센 프리드리히 대제와 관련된 조금 남다른 배경과 함께 이해하는 기회가 될

포츠담, 상수시 궁원

수 있기 때문이다.

상수시는 엄밀히 이야기하면 로코코풍 궁이지만 넓은 범위로 보자면 바로크 양식의 궁이다. 일반적으로 바로크 궁에는 바로크 시대의 유산으로 궁의 가장 중요한 공간인 연회 및 무도회장이 자리한다. 상수시 역시 바로크의 전통과 같이 정중앙에 자리한 가장 중요한 방은 연회장이자 연주회장이다. 프리드리히 대제는 거기서 직접 플루트 연주를 하곤 했다. 여기까지는 바로크 로코코 궁에서 있어온 일반적인 특징이 이어지는 부분이다. 그런데 상수시에는 다른 바로크 로코코 궁에서 좀처럼 볼 수 없는 특별난 곳이 있다. 여러 방들 중 어느 작은 방 하나에 서재가 마련되어 있다.

"짐은 국민의 공복"이란 선언과 함께 프리드리히 대제의 면모, 공부를 하고 사상가로부터 항상 충고와 자문을 받아가며 노력했던 군주, 역사가들은 이런 군주를 계몽군주라 불렀다. 이전 절대군주 시대에는 상상하지 못했던 일, 상수시의 서재는 그런 새로운 사회를 열어가는 여명기의 모습이 묻어 있는 특별난 곳이다.

연주홀에서 나타나는 외부공간과의 관계 역시 빼놓을 수 없다. 연주홀 전면은 커다란 유리 창문으로 되어 있다. 날씨가 좋을 때, 창에 드리워진 커튼을 활짝 걷어버리거나 아예 문을 열어젖히고 반주해 주는 피아노 한쪽 옆에 서서 누군가가 연주를 한다. 청중은 연주자로부터 몇 걸음 정도 거리를 두고 의자에 앉아 연주되는 곡을 감상한다고 친다. 그러면 청중의 눈에 온통 녹음과 화려한 꽃무늬 장식에 둘러싸인 연주자의 모습을 만나게 된다. 바깥으로 열린 창 맞은편의 벽면을 가득 채운 거대한 두 개의 거울, 화려하게 장식된 벽 무늬가 어우러져 청중의 시선을 끄는 환상적인 영

포츠담, 상수시 궁원

상효과가 만들어 진다. 두 거울은 유리창을 뚫고 들어온 바깥의 짙은 녹음의 숲이 거울에 비쳐오도록 계산되어 있다. 만약 프리드리히 2세가 그 연주자 자리에 서면 어떻게 될까? 청중들은 플루트를 연주하는 프리드리히 2세의 배경에, 화려하게 장식된 벽의 무늬와 짙푸른 녹지와 정원과 하늘이 비쳐오는 아름다운 정경을 마주했을 것이다.

멀리서 정원의 길을 따라 궁을 찾아들면 여러 단의 계단식으로 단을 이루어 놓은 테라스와 마주한다. 테라스 위에는 단층의 소박한 규모, 그리고 로코코의 화려하게 장식된 궁이 올라서 있다. 테라스를 받치고 있는 여러 층을 이룬 작은 테라스 혹은 화계를 이루어 가로 방향의 선형이 또렷하게 인상 깊은 모습으로 다가온다. 멀리서 보면 여러 단의 테라스가 단순한 모습이 아닌 것은 분명한데, 그냥은 그 용도가 잘 파악되지 않는다.

프리드리히 대제는 상수시의 궁과 궁원을 계획하면서 직접 구상 스케치를 해 두었다. 거기에 보면 단을 이룬 테라스 벽면에 작은 감실처럼 작은 방을 여럿 만들어 그 안에 포도덩굴을 올린 시렁을 두었는데 일종의 온실 기능을 하는 것이다. 상수시 궁의 여러 층 단을 이룬 벽면은 비탈에 조성된 포도원처럼 보일 수 있다. 아니, 실제로 거기는 싱싱하게 포도가 영그는 포도밭이다.

프로이센은 전통적으로 강력한 군사체제와 군국적인 면모를 표명하고 있었다. 프리드리히 대제 역시 강한 군사력의 프로이센을 내세웠고 인접 국가들을 힘으로 병합해나가며 군사력을 앞세운 강한 제국을 이루어갔다. 대내적으로는 농경을 장려하고 풍부한 농산정책을 내세우며 끊임없이 나라의 안정과 농업 제일의 농경정책을 수립해 국민의 안녕과 복지를 걱

정하던 계몽군주로서의 면모를 가졌다. 포도덩굴은 그런 농경정책을 상징적으로 내보인 것이다. 상수시 정원이 다른 바로크 정원들과 어깨를 나란히 할 수 있는 것은, 정원의 규모나 화려함 같은 데 있는 것이 아니라 작정자 프리드리히 대제의 중농정책과 위민정책 같은 계몽군주로서의 뜻과 의지가 잘 나타나 보이기 때문이다.

세계 4대 거장,
미스 반 데어 로에

세계적인 건축가를 4대 거장 혹은 5대 거장으로 정해 랭킹으로 매겨보는 시절이 있었다. 그런 게 당연시 되던 시절이었는데, 모더니즘 시절에나 가능했던 이야기다. 아무튼 독일 출신 미국 건축가 미스 반 데어 로에(Mies van der Rohe)는 세계 4대 거장으로 꼽혔다.

미스는 데사우(Dessau)에서 베를린으로 자리를 옮겨 개교한 바우하우스 교장으로 있다가 나치의 그늘에서 벗어나 미국으로 망명을 갔다. 시카고를 근거지로 마음껏 뜻을 펼쳤다. 바우하우스 교장으로 있을 때도 건축가적 명성은 있었지만, 미국으로 건너간 이후 그는 세계적인 건축가 반열

베를린 국립미술관

에 올랐다.

1960년대, 서독은 서베를린에 세울 서방국가로서 기념비적인 건축작품을 미스에게 맡겼다. 베를린 국립미술관(Neue Nationalgalerie)이었다. 동서 냉전이 극으로 치닫던 시절, 바로 코앞에 동서 베를린 장벽이 지나가는 곳에 세울 미술관이니 보통 이상의 의미를 부여한 건축이었을 것이며 단순한 기념비적인 건축 이상의 의미를 가진 곳이었다. 서독으로서 그런 의미 있는 건축을 세계적인 거장으로 꼽히는 독일 출신 건축가에게 맡기는 것은 극히 자연스러운 선택이었을 것이다.

하지만 설계가 진행되고 완공되었을 때, 서독 사람들은 몹시 황당스러운 일을 겪었다. 미술관 건축임에도 불구하고 지상으로 올라온 공간은 단층의 지층 하나뿐이고, 전시용 칸막이 하나 없이 사방 벽이 모두 유리로 된 유리박스 하나로 된 건축물이 그 모습을 드러낸 것이었다. 더 황당한 것은 미스가 내놓은 조건으로, 지상 층에는 어떤 경우든 전시용 임시 칸막이조차 설치해서는 안 되고, 심지어 유리벽에 블라인드도 설치하면 안 된다는 것이었다. 그러니 지상 층에는 전혀 전시공간을 만들 수 없다는 말이나 다름없었다. 애초에 작정을 하고 덤빈 특별난 설계의도가 있었던 모양이었다.

건축을 공부하던 시절, 나는 아무리 그가 4대 거장에 꼽힌다 하더라도 내 멘토로는 자격 미달이라고 여겼다. 내가 가장 좋아하는 건축가는 따로 있었는데, 그 사람은 아쉽게도 4대 거장으로 꼽히진 못했지만, 나는 항상 그 분을 내 멘토로 삼았다. 내 마음속에서 미스는 4대 거장에 들어갈 인물이 아니었다. 5대 거장에조차 올릴 생각이 추호도 없었다. 물론 공부를 마칠 때까지도 그와 나는 화해를 하지 않은 채 평행선을 긋고 있었다.

그런 내가 제대로 미스를 발견한 것은 베를린 국립미술관에 찾아가면서였다. 1996년이었다. "미스는 왜 미술관을 이런 식으로 설계했을까?" 이 질문에 대한 답은 의외로 쉽게, 거의 저절로 나온다. 미스는 이런 종류 외의 건축을 한 적이 없다. 보기에 따라서 미스는 철골과 유리로 도배하는 건축 말고 다른 것은 할 수 없는 단순하고 무식한 건축가일지도 모른다. 베를린 국립미술관이 그렇게 된 것은 그래서 필연일 수밖에 없다. 그게 첫 번째 문제의 절대적인 답이었다.

그렇다면, 미스는 왜 칸막이나 블라인드도 하지 못하게 했을까? 그 두 번째 문제에 대한 답 역시 무척 쉽거나 혹은 어려울지 모른다. 이것저것 아무 이유가 없다. 원체 그 사람은 아무 생각 없이, 소위 개념 없는 사람일 뿐이라고 본다면 그 답은 저절로 나온 거다. 그런데 만약, 그야말로 만에 하나, 미스는 내가 알고 있는 그런 단순한 사람이 아니라고 한다면 정말 풀 수 없는 난제가 될지 모른다.

데사우의 바우하우스는 건축 자체만으로 그들의 현대공예운동의 기치를 잘 보여 주었다고 한다. 바우하우스 건축의 첨단 디자인은 모서리 기둥 혹은 단단한 벽체가 보이지 않는 유리 벽면으로만 형성된 건축을 내보인 것이었다. 베를린 국립미술관을 한 바퀴 둘러보면, 이 건축물로 미스가 해내려 한 게 무엇인지 공감할 수 있다. 외형적으로는 그간 그가 행해온 철골과 유리 외의 어떤 것도 사용하지 않은 고철 프레임에 온통 유리로 감싼 유리박스를 유닛으로 한 그의 전매특허 자체를 전혀 벗어나지 않은 듯 보인다. 철골 프레임에 유리를 입힌 상자 같은 것이 있고, 이것을 하나의 유닛으로 삼아 그걸 수십 번 반복하여 겹쳐놓으면 수십 층짜리 초고층 철골 유리 건축이 된다. 외형적으로 미스의 건축은 이같이 수없이 반복하는 대량생산 시스템에 불과했다. 공장 생산품일지언정 그로부터 건축의 작품성을 찾아내는 것은 애초에 기대할 수 없는 일이다. 아무튼 그의 고집인지 주장인지 그게 일관되게 지켜지고 있었다. 아무튼 베를린의 미술관에서 미스는 무엇 때문에 그런 고집을 부렸을까? 베를린으로 미스의 미술관을 찾아간 건 순전히 두 번째 문제를 풀기 위해서였다.

'In is Out is In'이란 궤변

안이면서 또 밖인 그런 안. "In is Out is In". 미스의 어록으로 회자되는 말이다. 문법적으로 전혀 맞지 않는 이 문구를 가지고 이리저리 꿰어 맞추어 보지만 해결이 나지 않는다. 그냥 애매한 부분을 괄호로 묶어 단순화시키면 대략 "(In is Out) is In", 즉 "(안이 곧 밖인 것)이 안"이란 의미다. 이거 무슨 궤변도 아니고.

말로만 꿰맞춘 해석은 또 다른 하나의 궤변을 더 늘어놓은 이상한 것이 될 뿐이다. 나는 이 말의 진의를 알아차릴 수 없었다. 그게 정확히 뭔지 가르쳐준 사람도 없었지만 이상하게 이 말을 모르는 사람도 내 주변에는

베를린, 포츠담 광장 소니빌딩

없었다. 물론 내가 건축공부를 하던 때 말이다.

미스의 미술관은 완공된 지 수십 년이 지나고 있었지만 원래의 모습 그대로, 그리고 미스가 단단히 내걸었던 조건을 그대로 이해하고 있었다. 처음 베를린 국립미술관을 만났을 때, 시커먼 철골 기둥에 올려놓은 어마어마한 두께의 슬라브, 사방 벽을 싸 바른 유리벽마저 철골의 검은 빛에 물들어 온통 검은 쇳덩어리 같은 건축물이었다. 나는 할 말을 잊고 있었다. 감탄을 해서도 아니고, 아주 학을 떼며 말을 잃은 것도 아닌, 그냥 그 상태로 멍하게 있었다. 그런데 이상한 게 베를린의 미술관을 바라보고 있으면 "In is Out is In", 그 말의 진의가 무엇인지 알 것 같다. 처음 만난 그 자리에서도 그랬다. 정신을 가다듬고 미술관 둘레를 도는 동안, 미스의 고집이 이곳 미술관 건축으로 무엇을 이야기하고자 한 것인지 나름대로 정리할 수 있었다.

안과 밖의 구분과 조화라는 물리적인 공간개념 그리고 그에 더해 건축적 아집을 버린다. 원래 아무것도 없던 무(無)의 개념의 공간에 살짝 최소한의 껍질을 가지고 감싼다는 걸 말한다. 그 말의 진의를 알아차리고 보면 그의 건축이 대량생산 시스템으로 돌아가는 공장 생산품이 아니었다는 것도 드러난다. "In is Out is In"이란 미스가 이루고자 한 공간을 담은 이상적인 건축공간을 정의해 놓은 거다.

건축으로써 구현되는 공간은 내부공간이다. 그런데 건축물에 의해 구획됨으로써 비로소 내부공간이 발생하지만, 내부공간이 그대로 외부공간이나 다름없도록 건조되는 그런 공간, 건축에 의해 구획되었지만 전혀 건축에 둘러싸이지 않은 듯, 그냥 그대로 건축 이전에 원래부터 있어온 그대

베를린 국립미술관

로인 듯 되게 하는 건축이 진정한 건축이라는 것이다. 'In'은 내부공간이자 건축공간을 뜻하고 'Out'은 외부공간이면서 건축에 의해 제한되지 않은 건축 바깥의 공간을 말한다. 건축에서 내다보이는 외부의 경관으로 지정해 놓고 보면 한결 명료해진다. 투명한 건축, 건축 프레임이 존재하지 않는 건축이 진정한 건축이라고 천명한 말이다.

안에서 내다볼 때 건축 밖 경관이 비쳐오는 것 말고, 밖을 한 바퀴 휘돌아서 보면, 아주 이상한 현상이 벌어지는 걸 알아차릴 수 있다. 미스가 왜 지상 층에는 전시용 임시 파티션을 설치하지 못하게 했으며, 왜 블라인드조차 치지 못하게 했는지 그 이유가 드러난다. 분명 밖에서 안을 들여다보는데, 안을 통해서 그 너머의 바깥, 미술관 뒤쪽에 있는 노란 벽돌과 흰 벽돌의 선이 묘하게 조화되는 의장의 교회와 그쪽 동네의 다른 여러 건축들이 고스란히 투과되어 오는 것이다. 미술관 내부공간이 엄연함에도 불구하고 그 너머의 외부공간을 그대로 투명하게 투과시켜주니 그곳의 내부공간은 내부공간이 아닌 것과 다름없다. 그러니 그대로 외부공간인 셈이다. 내부공간이면서 외부공간 같은 것이 진정한 내부공간, 그런 내부공간이 존재하는 한 미술관은 원래 거기 있던 외부공간을 거의 다치지 않게 둔, 건축 본연의 공간으로 그게 곧 진정한 내부공간, 진정한 건축이라는 걸 명료하게 나타내 보일 수 있다. 내부 칸막이 절대금지, 일층 전시 금지, 블라인드 금지. 이 모든 조건의 이유는 이제 명백해진다. 극단적으로 축약해 놓은 미스의 공간을 정의해 둔 이 문장 "In is Out is In"에 내포된 뜻은 참 난해하다. 그래서 그에 대한 해설이 필요한 것이다.

베를린 미술관은 철골의 지붕과 지붕을 떠받치는 철골 기둥 그리고 사방을 투명한 유리로 채운 벽면이 전부다. 특이하다면 기둥이 네 모서리에 서 있지 않다는 것이다. 모서리에서 벽면을 따라 사분의 일 정도 비껴난 곳에 서 있다. 따라서 이 건물의 네 모퉁이는 기둥 없이 그냥 유리 모서리로 되어 있다. 건축적 모퉁이가 없으니 건축적 내부가 없는, 그렇지만 엄연히 건축공간이 거기 존재하는 이상한 실체다. 데사우의 바우하우스가 그들의 건축에 철근콘크리트와 유리를 도입하여 모서리 기둥이 없는 건축을 선보임으로써 새로운 건축혁명을 몸으로 보여 주며 현대 건축의 새로운 시대를 열었던 것처럼, 미스는 유리 벽면을 통해 건축 너머의 저쪽이 그대로 비치는 건축을 실현하고, 오랫동안의 꿈을 현실세계에 내 놓았다.

미스가 주장한 "In is Out is In"이란 바꾸어 표현하자면, 건축이지만 건축이 없는 듯, 건축 때문에 막힌 시야가 없이 그 너머가 투명하게 비추이는, 실제로 건축으로서는 존재할 수 없는 그런 건축을 이루고자 하는 열망을 표현한 것이다.

포츠담,
바벨스베르크의 유리벽

유리가 건축 재료로 큰 비중을 차지해 가면서 건축에서는 그로 인해 파생되는 다양한 현상에 대해 건축적으로 사유해야 할 많은 일들이 뒤따른다. 워낙 유럽에서는 도시나 건축적으로 큰 변화가 없다. 예전부터 가지고 온 하드웨어를 좀처럼 바꾸려 하지 않을 뿐 아니라 기꺼이 예전의 것을 그대로 지니고 있으려는 경향이 짙다 보니, 새로 건축되는 건설 현장을 만나기가 쉽지 않다. 그런 가운데 간간이 등장하는 신축 건물들은 어김없이 유리

포츠담 바벨스베르크 영상예술대학

뮌헨올림픽공원 수영장

바이마르 바우하우스

벽 일색이다.

유리가 건축 재료로 적극적으로 사용된 것은 데사우의 바우하우스부터였다. 데사우의 바우하우스는 공예학교의 교육과정과 예술 각 분야에서 이루어졌던 활발한 활동으로 이름나기도 했지만, 무엇보다 바우하우스 학교 건물 자체만으로도 당시 사회를 흔들어 놓을 만큼 충분히 획기적인 명물이 되었다. 즉, 철과 유리의 건축, 모서리가 없어진 건축, 즉 모서리에 기둥이나 벽체가 없어진 유리 건축의 기치를 내세워, 당시로서는 상상도 못할 초현대식의 건축의장을 내보였던 것이다. 데사우의 바우하우스 이래로 유리는 건축적 혁신의 중심에서 큰 역할을 해왔다. 최근 유럽의 현대 건축의 저변에는, 유리로 하여 일어나는 단순한 건축 재료의 혁신에 그치지 않고 여러 현상이 나타났다. 바로 유리가 벽면을 채우는 소재가 되면서 나타나는 건축효과와 경관적 현상에 주목하려는 것이다.

학위를 마치고 조경에 몸담으면서 자연히 건축으로부터 멀어져 있었던 탓일 수도 있지만, 오랫만에 건축에 눈을 맞추고 보니 독일에서는 전에 없던 새로운 건축 현상이 눈에 띄고 있었다. 단순한 유행이 아니라 일종의

포츠담 바벨스베르크

베를린 중앙역

트렌드였다.

트렌드는 일시적 현상인 유행과 달리 어느 누구에 의해 만들어질 수 있는 게 아니라 사회 저변에 도도히 흐르는 사회적 현상으로 일어나며 오랫동안 지속적이고 파급범위도 매우 넓다. 유리와 관련된 독일의 건축에는 도도히 흐르는 사회 저변의 어떤 움직임과 관련이 있는 게 아닐까 싶을 만큼 남다른 무언가가 있었다. 건축 재료로 유리가 유행하는 저변에 있는 요인은 무엇일까? 유리를 주제로 했던 그해의 여행이 끝나고도, 이후 틈나는 대로 유리와 벽면에 관한 현상들에 주목해 봤다.

유리가 건축의 벽을 이루는 데는 안에서 밖을 내다보고 밖에서 안을 들여다볼 수 있다는 양방향의 투시가능성이 전제된다. 양방향으로의 투시는 경관적으로 두 가지 양상을 만들어낸다. 안에서 밖을 내다보기 때문에 바깥에 내다보이는 외부환경이 제대로 갖추어져 있는지 챙겨주어야 한다. 대개 우리 주변에서 새로운 모습으로 꾸며진 건축들이 우후죽순처럼 솟아나고 있으면서, 이미 눈으로 본 것들도 많아서 온통 유리로 덮어놓은 건축물이 많아졌다. 하지만 그 다음 단계로 만날 외부환경에 대한 걸 살피지 못해, 차라리 유리창이나 벽을 블라인드로 가려버려야 할 지경이 된 경우를 만나곤 한다.

유리 주제의 건축이 파급시키는 두 번째 특징은 외부의 환경이 유리벽면에 비쳐든다는 것이다. 외부환경의 내용이나 질이 어떻든 그 외부환경은 창에 비쳐 두 배 세 배로 반복되어 양산된다. 만약 보기 흉한 게 있다면 흉물스러움이 두세 배로 배가 되고 좋은 경관이 펼쳐진다면 그것 또한 두세 배가 된다. 유리와 벽면을 주제로 몇 해 동안 관찰해온 끝에 나온 결론은 이런 것이었다.

베를린에서 기차로 30분가량 떨어진 포츠담에는 영화촬영소 바벨스베르크가 있다. 스튜디오에 바로 인접한 이웃에 방송영상예술대학 신축건물이 있다. 여기 안을 들여다보면 참 가관이다. 온통 유리벽으로 감싼 건축 정도가 아니라, 내부 칸막이, 기둥과 보를 이루는 건축의 구조를 담당하는 골조를 제외한 모든 내부 시설에 아예 벽이 없다. 혹 있다 해도 온통 유리벽으로 되어 있어서 유리건축 그 자체라 할 만하다. 건축물 안의 모든 것, 사무실 내의 모든 움직임이 다 들여다보이는 것 뿐 아니라 전기배선과 설비 파이프라인, 승강기 기계라인까지 어느 하나 투명하게 드러나지 않는 것이 없다. 정말 공개 되어서는 안 될 최후의 비밀스러운 공간, 화장실과 샤워실을 제외하고 다른 어떤 공간도 숨겨진 곳 없이 속살을 다 드러내 놓은 것이다. 바로 최근 건축에서 유리라는 화두가 어디까지 진전되어 가고 있는지 알아낼 수 있는 좋은 현장이다.

라이프치히,
구 동독여행

유학 시절, 독일이 통일되기 전 동독 땅이라 가지 못했지만 정말 가고 싶었던 곳이 세 군데 있었다. 동베를린, 바트 무스카우(Bad Muskau) 그리고 라이프치히였다. 바트 무스카우는 매우 중요한 정원이 있어서였고, 동베를린은 싱켈의 건축 알테스무제움이 있어서였다. 라이프치히는 도서박람회가 세계적으로 유명하고 아주 싼 값으로 전 세계 서적들을 구매할 수 있다고 들었기 때문이었다.

라이프치히,
음악가의 도시

교과서로 배웠던 내용으로 보자면 라이프치히는 역사적으로 견본시장으로 유명했다. 그리고 라이프치히는 프랑크푸르트와 서로 비슷한 점이 많다. 지리적으로 비슷한 위도지만 동서로 떨어져 있으면서, 구 동독과 서독을 대표하는 상업도시이자 도서박람회로 쌍벽을 이루었다.

라이프치히는 유명한 대학도시로 문화예술이 꽃핀 도시였다. 독일의 명사로 꼽히는 여러 사람들이 태어나거나 거쳐간 곳이어서 괴테, 실러를 비롯해 이곳 대학을 거쳐간 많은 사람들을 논외로 해놓고 보더라도 바흐, 슈만, 바그너, 멘델스존 등 독일 출신 음악가로 모두 라이프치히 태생이거나 악단장으로 오랜 세월 인연을 맺고 있었다. 세기의 연인 로베르트 슈만과 아내 클라라 슈만 역시 라이프치히에서 태어나 평생 살았다.

라이프치히에 갈 일이 있으면 반드시 찾아가 보리라 했던 곳은 클라라 슈만의 흔적이 남아 있는 곳이었다. 그렇게 벼르던 슈만 박물관에 갔지만 아쉽게도 관람은 하지 못했다. 휴관일도 아니었다. 현재 소규모 학교로 운영되는 건물의 2층 일부에 보금자리를 틀고 있는 자료관 수준의 박물관이었는데, 참으로 드문 일이었지만, 담당자가 개인적 사정인지 무단결근을 해서 문을 열지 못하는 상황이었다.

나와 거의 같은 시간에 이곳에 찾아 왔던 젊은 독일인 부부 역시 허탈하게 발걸음을 돌려야 했다. 남자는 그저 묵묵히 이 현실을 받아들였지만

라이프치히, 성 토마스 교회

일행인 여자는 뭔가 분을 참지 못하고 있었다. 한참을 여기저기 전화를 하며 알아보더니 한 장의 엽서에 마구 갈겨 적은 사연을 놓고 쾅쾅대며 돌아갔다. 무슨 사연인가 해서 엽서를 슬쩍 들여다보았더니 단호한 어조로, 여기까지 찾아온 사연이 적혀 있었다. 신혼여행 차 멀리서 마음먹고 찾아왔는데 정기휴관일도 아님에도 이게 무슨 일이냐, 우리 독일인의 책임감과 직무태도의 성실함이 급기야 이런 지경에 이르렀느냐 등 뭐 그런 이야기였다. 아무튼 클라라, 그녀의 인간사에 조금이라도 가까이 다가가려던 작은 희망을 포기하고 되돌아오니 나도 허탈하긴 했다.

바그너가 이곳 태생이라고는 하지만, 아무래도 라이프치히는 바흐의 도시다. 유명한 음악가들의 음악기행에서도 거의 빠지지 않는 음악가 바흐, 그리고 성 토마스 교회. 마침 라이프치히에 머물던 그날, 클라라에게 바람을 맞던 그날, 저녁에 성 토마스 교회에서 바흐 연주회가 있었다. 관람료가 만만치 않았지만 그래도 문화인으로서 체면을 유지할 만큼의 투자는 해야 하지 않을까 싶어, 가장 싼 좌석으로 예매를 해두었다.

교회 바로 인근에 바흐 박물관이 자리하고 있는데 어쩌다 보니 거기 들어가지는 못하고 모처럼 좋은 날씨를 즐기며 시내를 배회했다. 일찌감치 저녁 식사를 하고 교회 인근 커피숍에 들어가니 만원이었다. 고풍스러운 곳이었는데 아마도 연주회 관람 차 온 사람들이 공연시작까지 시간을 보내느라 차 한 잔 하면서 분위기를 잡고 있는 것이려니 했다. 남은 자리가 없어 교회에서 조금 떨어진 커피숍 야외 탁자에 자리를 잡고 커피를 마시며 연주회 시간을 기다리고 있었다.

갑자기 먹구름이 몰려오고 폭우와 광풍이 몰아쳤다. 파라솔이 휙휙 날아가고 그 쾌청하고 좋던 날씨가 돌변하여 아주 광란도 그런 광란이 없었다. 급히 뛰어가 바흐 박물관 입구 처마에서 비를 피해 보지만 절대 그것으로도 안전하지 않았다.

내 주변에서 이런 일은 드물지 않게 일어난다. 내가 나타난 어느 현장이든 그곳이 의미가 있고 인연이 깊은 정도에 따라 광풍과 폭우의 정도를 달리하며 반드시 비가 쏟아진다. 짐짓 바흐 연주회를 기다리는 이 순간의 중요도를 점쳐봤다. 20~30분간 어마어마하게 내리 쏟아대던 폭우는 연주회 시간이 임박해서 입장을 거의 완료할 즈음이 되어 언제 그랬냐는 듯 잠잠해졌다. 중요도로 보자면 중상급은 될 것 같다.

교회는 빈자리가 없이 꽉꽉 채워져 대만원이었다. 어디든 교회에서 열리는 정기연주회들이 있기 마련이고 특히 관광객들이 청중의 대부분을 차지하는 경우를 많이 봤지만, 이 날은 전혀 그런 게 아니었다. 옆자리에 자리한 노부인의 설명으로 마침 그 연주회는 바흐를 기념하는 특별난 행사이며 거기 온 거의 모든 사람들이 바흐 애호가이자 라이프치히의 예술을 사랑하는 마니아들이란 사실을 알 수 있었다.

단 쪽에서는 오케스트라의 연주가 있고 뒤쪽 합창단 석에서부터 합창소리가 울려오는데, 교회 기둥과 합창단 석 발코니에 가려져 그들이 모습을 직접 볼 수는 없었지만, 고딕 성당 안에는 장중한 바로크 음악이 가득했다.

쇼핑 아케이드의 메피스토

통일된 지 20년을 훨씬 넘기고서야 라이프치히에 가게 되었다. 값싸게 살 수 있는 책에 대한 열망과 관심이 사라진 탓인지 아니면 원체 잘못 전해진 소문이었는지, 혹은 동독 지역 서점 시장이 사라지기에 충분한 시간이 지난 탓이었는지는 몰라도, 물론 도서박람회와 시내에 서점이 많고 적고는 전혀 무관한 관계일지 모르지만 상당한 규모의 고서점가가 있긴 해도 시내에서 별다른 점을 만날 수는 없었다.

바흐의 도시, 바그너의 도시, 그리고 슈만과 클라라의 도시로서의 명성은 여전한 것 같았다. 음악회가 활발하게 열리고 교회마다 수시로 파이프오르간 연주소리가 울려 퍼졌다. 라이프치히의 토마스 교회가 남다른 것이 오래된 역사 건축물로서의 가치만이라 했다면, 그리 감명 깊지 않을 수 있다. 교회의 규모도, 의장도, 고딕 양식의 대표적 모델이 되는 것도 아니기에 건축적으로 남다른 것도 아니다. 도시마다 중앙교회가 있고, 여러 유서 깊은 교회가 있다. 그러니 굳이 라이프치히의 특정 교회, 토마스 교회를 별다른 느낌으로 만날 거야 있겠나 싶다. 무수히 많은 유럽 교회 중 하나에 불과하겠지만 바흐와 엮어서 보면, 라이프치히의 토마스 교회가 유럽에서 유일하게 지닌 가치를 가질 수 있다. 바흐와의 인연, 바흐로서 기억되는 흔적이 가득한 곳이기에 공연히 한 번 더 바라보게 된다. 도시마다 장소마다 건축마다 모두 그런 연유와 함께 장소적 의미가 엮여지는 것

라이프치히, 파우스트 메피스토 조형물

인데, 여행자들이 특정장소를 찾아가는 게 모두 그런 이유다.

아우어바흐 술집, 사실 보존이라기보다는 예전의 술집이 아직도 지하 술집으로 운영되고 있다는 표현이 더 어울리는 말이겠지만, 라이프치히에는 괴테의 『파우스트』의 한 장을 이루는 지하 술집이 보존되어 있다. 『파우스트』는 괴테가 전 생애에 걸쳐 집필한 대작이다. 독일의 여러 곳에 각각 나름대로의 버전으로 『파우스트』 관련 전시관이 있는데, 그중의 하나인 라이프치히에는 지하 술집의 무대가 된 곳이 남아 있다. 현대식 아케이드가 된 통로 양쪽에 『파우스트』의 한 장면을 재현한 조형물이 세워져 있고, 그 뒤편 계단을 통해 지하로 내려가면 레스토랑으로 연결된다. 물론

라이프치히, 아우어바흐 술집 아케이드

밤에는 야간 순라군 복장으로 관광객과 시민을 대상으로 한 야간 시내투어의 한 코스가 되는데, 이곳에서 한참 동안 해설하고 안내하여 여행자들에게 호기심을 불러일으키고 있다. 현대식 아케이드에 지하 술집이 옛날처럼 보존되고 있다니, 하여간 묘한 조합이다.

옛 것을 아끼고 역사 유적을 중히 여기는 것은 유럽의 어디나 마찬가지일 텐데, 독일은 그중에서도 선두권으로 어지간히 극성이다. 그런데 그런 독일에서 요즘 새로 도시를 개선하느라 바쁘다. 이를테면 재개발이다. 그게 뭐 그리 대수인가 싶겠지만, 유럽에서는 건물 하나 새로 세우는 걸 보는 일도 쉽지 않다. 아예 한 블록을 들어내고 새로 개발을 하는 경우를 만나기란 정말 흔치 않다. 그런데 요즘 독일을 다니다 보면, 특히 구 동독 지역 도시에서는 재개발 공사장을 만나기가 그다지 어렵지 않다.

가장 대규모이면서 광범위하게 개발되었거나 개발되고 있는 곳은 단연 구 동베를린이었다. 통일이 된지 한참이 지나는 동안 동베를린의 재개발은 어지간히 완료된 것 같다. 베를린에 이어 대부분의 구 동독 지역 대도시들은 현재진행형이다.

공산권이던 시절, 동독은 공산권 국가 중 가장 국민소득이 높고 잘사는 나라였지만, 통일이 되고 난 후 사람들은 무척 놀랐다. 서구권에 비해 조금 못살긴 했어도 최소한 환경오염이나 훼손은 적을 것이라 기대했지만 실제로는 전혀 그렇지 않았다. 막상 뚜껑을 열고 보니 대기오염과 생활환경 모두 말할 수 없을 만큼 극심한 상태이며 환경적으로는 거의 아사지경이었던 것이다. 통일된 지 몇 해가 지난 뒤에 방문했을 때 만난 동독 지역의 환경은 실제로 생각 이상으로 심각해 보였다.

지금, 통일 후 20여 년이 지나 거의 한세대가 넘어가는 이즈음에는 그런 뒷일들은 다 사라졌지만 새로 등장한 일이 재건과 복구 그리고 복원을 빙자한 대대적인 개발과 재개발의 붐이 일고 있는 것이다. 때로는 과욕을 부리는 경우도 있기 때문에 전혀 독일 같지 않은 경관, 독일인답지 않게 겉치레 모양새를 낸 경우도 있어 안타까울 때도 있다. 아무리 독일이 합리적이고 실용적인 철학의 공간예술이 깊이 뿌리박혀 있다 해도, 순리를 벗어난 과도한 규모의 개발로 과부하가 걸리면 무리가 생기기 마련이다.

라이프치히 재개발. 비단 구 동독 지역에 국한된 일이 아니다. 베를린, 동베를린 지역을 중심으로 대대적인 바람이 불고 간 후 서서히 베를린 외의 지방 주도(州都)를 중심으로 개발이 일어나고, 옛 서독 지역의 도시들에서도 새로 신축하는 일이 심심찮게 눈에 띈다. 예전에 좀처럼 보지 못하

라이프치히, 재개발 현장

던 일들이다. 일일이 파고 들 일은 아니지만 스쳐 지나가는 사람들의 표정이나 담화를 통해 많은 사람들이 우려하는 소리와 안타까워 하는 모습들을 본다.

라이프치히 도심에서 크게 떨어지지 않은 곳에, 거대한 블록 한 개를 완전히 들어내고 완전 재개발이 이루어지는 현장이 있다. 연일 신문지상에도 나오고 현지 르뽀를 일면 사진으로 장식하게 하는 등 크게 이슈가 되고 있는데, 석양을 맞으면서 옛 교회 첨탑과 허물다 만 것 같이 일부러 남겨놓은 벽체가 묘한 조화를 이룬 신문 일면 사진은 나로 하여금 호기심을 일으키기에 충분했다. 현장에서 본 그 벽체는 허물어진 벽이거나 최후를 맞기 직전의 구조물이 아니라 최소한 그것만은 남겨놓자는 최소한의 양심, 마지막 끈을 잡고 있는 그런 형상이었다.

새로운 것을 만들어 세계적인 굴지의 건축물과 시설을 갖추고자 하는 열망의 정도가 구 동독 지역에서는 꽤나 높은 모양이다. 그러면서도 옛것에 대한 일말의 미련이 없지는 않은 모양이다. 이것도 저것도 모두 가지고 싶은 끝없는 욕심의 발로일 수 있다.

일메나우의 노시인, 젊은 시절의 시를 읊다

괴테는 라이프치히에서 대학을 다니던 중 병을 얻어 프랑크푸르트의 집으로 돌아갔다. 요양을 한 후 라이프치히로 돌아오지 않고 스트라스부르크에서 대학을 마쳤다. 현재 프랑스의 스트라스부르다. 대학에서 법학을 전공하고 베츨라에서 수습변호사 연수를 마친 후 바이마르 공국의 카를 아

일메나우의 숲

우구스트 공의 부름을 받고 바이마르로 갔다가 이후 평생을 거기서 공직에 몸을 담았다.

바이마르로 간지 얼마되지 않았던 젊은 시절 괴테는 바이마르 공국의 관료로 일메나우 광산 감독관이라는 중책을 맡게 되었다. 광산은 당시 바이마르 공국의 가장 중요한 수입원이었기에 괴테가 맡은 임무는 막중한 것이었다. 광산을 둘러보며 광물을 관찰하던 끝에 괴테는 광물로부터 색채의 근원을 감지하게 된다. 그로부터 색채론을 완성하는 오랜 세월 동안, 광물을 비롯하여 자연 속에 들어 있는 온갖 색깔은 그의 화두가 된다.

그 시절 괴테는 이 산장에 주로 머물며 자연을 관찰하고 습작도 했다. 1783년 산장 벽에 연필로 한 편의 시를 적어 두었다. 노년에 괴테가 손자와 함께 왔다가 이 시를 다시 읽었다고 알려지면서 시는 유명해졌다.

온 산봉우리 위에 고요함이 내려앉고 Über allen Gipfeln Ist Ruh

온 산봉우리 위에는 Über allen Gipfeln

고요함이 내려앉고 Ist Ruh,

어느 나무 끝에서도 In allen Wipfeln

한 줌의 기운도 Spürest du

느껴지지 않네. Kaum einen Hauch;

새들도 숲에 들어 조용한데 Die Vögelein schweigen im Walde.

기다리시게, 곧 Warte nur, balde

당신도 편히 쉬리니. Ruhest du auch.

이 시를 두고 어떤 이는 인생의 황혼을 노래한 것 같다고 했고, 또 어떤 이는 만년에 올라온 일메나우 산장에서 자신의 젊은 시절 시를 보며 지난날을 회상하고 노년의 자신을 돌아보았으리라 말하곤 했지만, 뭐 어디 그럴까? 그저 산 정상에서 만나는 고요함 그 자체를 조용히 노래했을 따름이지 않을까. 그냥 생각해 봐도 운에 맞춰 노래한 괴테의 시 이상으로 어떻게 산정의 그 고요함을 노래하랴 싶다. 아무튼 일메나우는 괴테가 관리생활을 하던 시기의 모습과 노년의 모습을 더듬어 볼 수 있는 곳이다.

독일이 통일된 지 얼마 되지 않은 때였다. 구 동독 지역을 여기저기 여행했지만 그때 동독에서 만난 경험들은 그리 낭만적이지 않았다. 테러를 당한 유학생 이야기도 들려오고, 나 역시 그런 위험을 겪을 수도 있었다. 당시 나는 그런 상황을 별로 심각하게 여기지 않았다. 일메나우에 도착한 것은 캄캄해진 무렵이었다. 깊은 산골이라 일찍 해가 떨어지다 보니 더 그러했다. 이미 한밤중이 되어버린 늦은 시간, 일메나우 유스호스텔은 음산했다. 아침 일찍 일어나 습한 안개를 헤치고 숲을 뚫고 산꼭대기로 올랐다. 괴테의 시, 그냥 내키는 대로 의역을 하자면, "발 아래로 구름이 조용하고……" 정도의 느낌이 아닐까 싶은데, 아무튼 노시인의 시상 근처에도 미치지 못하겠지만, 아직 초가을이었는데 정상에는 얼음이 얼어 있었다. 그리고 짙은 새벽안개를 만나면서 내심 센티멘털한 기분에 젖어들었다.

몇 해 전, 예전에 왔던 기억을 따라 일메나우 산장을 다시 찾았다. 멀리서 출발하여 당일 계획으로 가다 보니 일메나우에 도착한 것은 한낮이었고, 한낮 따가운 햇살 속 일메나우 숲은 예전에 봤던 안개 속에 갇혀 있던 분위기와는 완전히 달랐다. 유스호스텔도 이미 다른 용도로 바뀌어 있

일메나우 산장

었다. 역은 한적하다 못해 거의 폐허가 되다시피 버려진 모습으로 남아 있지만, 기차만은 정확히 시간 맞춰 도착하고 출발하고 있었다.

20년 전, 막 통일이 된 독일을 찾아와 구 동독 땅을 둘러보다가 찾아왔던 때, 산장에 마련된 괴테 자료관에는 따스하게 난방이 되어 있었다. 한겨울 같은 날씨에 산장 박물관의 따뜻한 난로 온기 곁에서, 이른 아침 아직 아무도 찾지 않은 자료전시물에 집중을 하던 그 기억이 오랫동안 남아 있었다. 일메나우를 다시 찾아간 날은 구름 한 점 없이 따가운 햇볕이 내리쬐었다. 쉽지 않은 산행에 많이 지치기도 했지만, 여름 한낮의 산장에는 생각보다 사람들이 많았고 부산함이 있었다. 노년의 괴테가 생애 마지막 생일이 되던 날 손자와 함께 찾아온 산장 앞, 다시 찾아본 산장에서도 옛날 괴테가 읊은 노년의 그 시의 정취를 다시 만날 수 없었다. 어디든 어떤 장소든 언제나 한결같은 이미지와 분위기를 간직한 채 나를 기다리는 것은 아니었다.

예나의
실러하우스

나의 암기력은 평균 이하다. 평균 이하 수준을 훨씬 넘어서 거의 최하 수준이다. 그런데도 기억력은, 특히 이상하게 어디든 한번 갔던 곳은 거의 잊어버리지 않는다. 기억력과 암기력은 서로 다른 종류의 능력이라 여기고 있지만, 찾아가는 길도 그렇고, 있었던 일도 잘 기억해 낸다. 이름난 곳보다는 남들 눈에 잘 띄지 않고 이름 없는 곳들을 찾아다니는 편인 데도 그런 것들을 오랫동안 잘 기억하고 잊지 않는다. 기억을 잘 해내지 못하거나 엉뚱한 기억을 덧붙이는 오류를 범하는 경우도 거의 없다. 어릴 때부터

예나, 실러하우스

그랬다.

이런 나에게도 기억이 가물거려 장소에 대한 기억과 어느 도시의 어디였는지 확실하지 않아 오랫동안 나를 곤혹스럽게 했던 곳이 한군데 있었다. 어렴풋이 잡히는 걸로 짐작해 보면 무슨 정원과 관련된 것 같은데, 그게 언제였는지 어디였는지 기억이 나지 않았다. 어느 잡지에 소개된 괴테와 정원에 관한 기사를 보고 일부러 찾아간 것은 분명한데, 거기서 뭘 봤는지도 잘 기억이 나지 않았다. 잠시 현장을 방문하고는 밖으로 나오면서 '고전주의와 정원은 서로 묘한 연관성이 있다'는 생각을 했던 것 같고, 특히 '괴테의 취향에는 단순명료한 모습의 정형식 화단이 엮여 있나 보다'라는 생각을 했던 게 어렴풋이 남아 있는 전부였다. 이런 기억의 조각을 짜맞추어 보면 괴테와 정원이 관련되어 있는 곳이 분명한데, 내 기억 속의

예나, 실러하우스

그런 장소가 좀처럼 나타나지 않는 것이었다.

괴테와 깊이 관련된 곳은 바이마르다. 거기 괴테가 살던 집 괴테하우스에는 괴테가 직접 가꾼 정원이 있다. 또 바이마르와 일름 파크(Ilm Park) 안에 괴테가르텐하우스가 있다. 괴테가 초기 바이마르 시절에 거주하다가 나중에는 집필실로 쓰기도 했던 곳이다. 그렇게 바이마르에서는 괴테의 정원을 만날 수 있지만 바이마르에는 내가 기억하던 그런 곳은 없다. 기억의 장소를 되살려내는 걸 거의 포기한 상태로 여러 해가 흘렀다.

라이프치히에 며칠을 머물면서 주변 여기저기를 둘러보던 때, 하루는 짬을 내어 기차로 30분가량 떨어진 예나라는 곳에 갔다. 옛날 라이프치히가 대학도시로 명성을 날릴 때, 학문의 중심지로서 라이프치히와 거의 쌍벽을 이루던 곳이었다. 괴테가 바이마르 공의 측근으로 예나 대학에 지원을 아끼지 않았고, 특히 대학에 자연과학부를 설립하는 데 결정적인 역할을 했던 것으로 알려져 있다.

통일 전 예나는 라이프치히와 함께 동독에 속했다. 예나에는 실러하우스가 있다. 바이마르로 이주하기 전 실러가 살던 집이다. 실러하우스가 예나 방문의 목적이었다. 실러는 정원 마니아였으며 실러하우스의 정원이 원형에 가깝게 관리되고 있었다. 바로 그 정원에서 실러는 괴테와 교우를 했고, 두 거장이 자주 만나 수준 높은 담론을 펼쳤다고 하여 널리 회자되는 곳이다.

아주 아담한 저택이 있는데, 안내판에는 괴테가 예나 대학에 자연과학부를 설립하는 데 큰 힘이 되었다는 사실을 밝히고 있었고, 거기가 그런 일의 산실이라는 것이다. 실러가 주로 집필을 하던 별채의 작은 서재며 저택 마당에 펼쳐진 꽃밭과 채소밭 중심의 화단식 형태의 정원과 정원 둘레로 산책하며 둘러볼 수 있는 원로가 잘 꾸며져 있고, 그 한곳에는 가제보(gazebo: 정자)가 있었던 곳에 최소한의 재료로 그 자리를 보존해 두려는 듯, 금속재를 둘러놓은 자리가 있었다. 그 안에는 작은 돌로 된 탁자와 돌 의자가 놓여 있고, 괴테가 실러와 교우하던 일을 기억한 작은 문구를 새겨 놓은 것도 있다. 마침 방문한 사람도 거의 없이 모처럼 화창한 날씨에 실컷 둘러보면서 여유 있는 시간을 가지고 한참 머물러 있었다. 사진도 많이 찍고 생각도 많이 했다.

나오는 길에 대문 바깥 언저리에 이르자 얼핏 예전에 와 본 듯한 느낌이 들었다. 가물거리는 기억을 되살려 보니 예전에 왔던 기억이 환영처럼 눈앞에서 되살아났다. 어디, 무엇이었는지 기억해 내지 못하고 있던 문제의 그곳, 다름이 아니라 바로 예나의 실러하우스였다.

바이스바서 역의 불심검문

바트 무스카우는 구 동독 지역의 가장 동쪽 끝자락, 폴란드와 강 하나를 사이에 두고 있는 국경도시다. 의미 있는 옛 정원이 있어서 꼭 가봐야 했다.

교환교수로 하노버에 머물고 있을 때다. 주말을 이용해 마음먹고 찾아가기로 했다. 당시 내가 쓰던 차는 언제 주저앉을지 모를 정도로 오래된 차였다. 통일된 지 몇 해 지나지 않아서 여전히 구 동독 지역을 여행하기에 마음을 놓을 수 없던 상황이었고, 도로 사정이나 교통 상황도 예상보다 더 좋지 않았다. 각오는 어느 정도 했지만, 예상보다 이 지역 사정은 열악했다.

차는 거의 부서질 지경으로 흔들리고 있었다. 차라리 비포장 자갈길이 나을 것 같았다. 차 부속품이 완전히 다 빠지는 거 아닌지, 하는 우려가 현실이 되었다. 나사가 빠져 주저앉기도 했고 뭐가 탈이 나 응급조치를 해야 했다. 그렇게 겨우 바트 무스카우에 도착했다. 정원 입구에 있는 주차장에 차를 세우고 혹시나 싶어 다시 시동이 걸리나 시험해 보았지만, 예상대로 차는 이미 먹통이 되어 버렸다. 절대로 다시 시동이 걸리지 않을 것 같다는 느낌이 확

바이스바서 역

바트 무스카우 중앙 광장

들었다.

옛 서독 시절, 그리고 통일 이후에도 서독에서는 통일 전과 마찬가지로 여전히 언제 어디서 차가 고장이 나도 응급처리에 아무 문제가 없었다. 연락만 하면 언제나 가까운 곳에 있던 기사가 차를 몰고 달려왔다. 간단히 그 자리에서 처리할 수 있는 수리라면 현장에서 즉각 해결해 준다. 혹 크게 문제가 된다 싶다면 견인차가 달려와 가까운 정비소까지 무료로 견인해 준다. ADAC라고 하는 자동차 관련 협회에 회원으로 가입되어 있다면 말이다. 회비도 워낙 저렴한 데다, 회원으로 가입되면 온갖 정보지며 여행 관련 편의 그리고 세련된 기념품까지 받을 수 있어서 회비 이상으로 많은 혜택을 받으니 가입하지 않을 이유가 없다. 그런데 통일 후 몇 해가 지났고, 구 동독 지역에서도 ADAC는 여전히 적용됨에도 불구하고 이 지역은 완전히 다른 나라나 다름없는 상황이었다. 서비스는 물론이고 모든 면에서 도무지 소통이 되지 않을 정도로 꽉 막혀 있는 사람들과 힘들게 소통을 해야 했다.

아무튼 바트 무스카우 정원 입구 주차장에서 주저앉아 버린 자동차를 두고 정원 관람부터 할 수는 없었다. 별도리 없이 ADAC에 연락을 하니 인근 정비소에서 견인차가 달려와 어디론가 끌고 갔다. 바로 인근에 있는 조금 더 큰 도시 바이스바서(Weißwasser)였다. 만만치 않은 수리비 청구서와 함께 부속품이 오려면 며칠이 걸리니 삼사일 후에 오라는 통보를 받았다. 지금 같으면 그 참에 그냥 바트 무스카우에 며칠 머물면서 느긋하게 정원 답사를 했겠지만 당시에는 그럴 수가 없었다. 별도리 없이 차는 정비소에 맡겨두고 하노버로 돌아가야 했다. 힘들여 찾아간 무스카우 정원에 얼굴도 못 내밀고, 바로 코앞 정원 주차장에서 발길을 돌려 다음 주말을 기약해야 했다. 차를 찾기 위해서라도 반드시 다시 와야 했다.

워낙 오지인 데다가 교통도 원활하지 않아 버스를 타고 기차를 갈아타며 한나절은 족히 걸려서야 하노버로 돌아갈 수 있었다. 게다가 바이스바서 기차역에서는 다섯 시간이나 뒤에야 그날 막차가 있었다. 차도 끊어지고 휴일인 데다 오후 느지막한 시간 국경 동네의 시골 간이역에는 동네 개도 돌아다니지 않는 적막함이 감돌았다. 역사 건물마저 거의 폐허 직전 형상이니 참 모든 게 막막하고 기가 막혔다.

때마침 늦은 오후 간이역 순찰을 돌던 경찰로부터 검문검색을 받게 되었다. 행색도 행색이고 휴일 늦은 이 시각에 국경 동네에 무료하게 죽치고 있었으니 검문을 받지 않을 재간도 없었으리라. 아무튼 30분 이상 조회하고 검문하고 뭐 이러다가 내 신분이 확실히 밝혀지고 나서야 여권을 되돌려 받을 수 있었다.

무스카우 정원의 퓌클러 벤치

장소(Place)는 사전적으로 '어떤 일이 일어나거나 사람이 모이는 곳'을 말한다. 조경학에서는 장소의 개념이 상당히 중요하게 다루어진다. 이를테면 어떤 일이 일어날 수 있는 요인을 파악하여 사람들이 모일 수 있는 곳을 구체화 시켜갈 수 있다. 즉 장소만들기(Place making)가 이루어지는 것이다. 반드시 어떤 외형적인 조건을 갖추어야 하는 건 아니지만 실제 좋은 장소가 되는 곳에서는 조망이 가능하거나 의미 있는 대상을 만나고 그곳을 주시하게 되기도 한다. 조망장소 혹은 시점장(View point field)이라는 공간계획에 관련된 용어로 대체되기도 한다.

어떤 경우로든 가장 쉽고도 평이하면서도 특정한 장소임을 나타내기에 벤치처럼 용이한 것은 없다. 그래서 여행 중 뜻하지 않는 곳에 놓인 벤치가 있다면, 무조건 잠시라도 앉아 보는 건 결코 무의미하지 않다. 물론 벤치가 여행 주제가 될 수는 없겠지만, 벤치가 놓인 장소가 여행의 목적지는 될 수 있다. 특별난 의미와 결부되어 있는 곳을 목적지로 한 테마여행은 가능할 수 있기 때문에, 여행지에서 만난 의미심장한 장소 중 의미 있게 자리한 벤치 중에 기억나는 것들이 몇 있다.

바트 무스카우에 있는 무스카우 정원은 19세기 초에 조성된 정원인데, 정원을 조성한 사람은 무스카우의 영주 퓌클러-무스카우 후작이었다. 간단히 줄여서 그냥 퓌클러라고 부른다. 무스카우 정원은 그가 아직 후작

무스카우 정원, 퓌클러 벤치

으로 지위가 오르기 전, 백작이던 시절부터 자신의 영지에 조성한 것이었다. 이 정원이 특별난 것은 퓌클러 자신이 설계하고 진두 지휘해 조성한 정원이란 점(실제로 퓌클러는 19세기 독일을 대표하는 조경가로 꼽힌다)과 당시까지 유행했던 귀족으로서 혹은 대지주로서 으레 갖추고자 했던 호사스러운 정원이 아니라, 당시로는 전혀 생소하게도 무스카우 시 일대를 쾌적한 환경의 녹지로 조성한 환경 도시를 만든 초유의 사례로 평가할 수 있기 때문이다. 물론, 전혀 생소한 개념이었다 해도 정원은 정원이다. 즉 누구든 자신의 땅에 집을 짓고 정원에는 자신이 꿈꾸는 이상향을 펼쳐 놓기 마련이다.

사람은 누구나 자신이 소유한 대지에서든 정원에서든 자신의 기억과 추억이 있는 곳에 임의로 자신의 자리를 점찍어 두기도 한다. 그런 것이 정원의 본질이자 속성인데, 퓌클러는 이 정원에 그런 흔적을 어떻게 남겼을까. 퓌클러처럼 원대한 사상으로 이토록 훌륭한 정원을 조성한 사람이라면 틀림없이 남다른 자신의 장소를 표시해 두었을 것이기 때문이다.

퓌클러는 무스카우 정원을 계획하고 조성하던 가운데, 자신의 생각과 경험을 토대로 정원서(한국어판 『풍경식 정원』, 권영경 역, 2009년)를 한 권 펴냈다. 그 저술 중에 메멘토모리, 즉 죽음을 생각하라는 경구를 언급하고, 자신의 성에서 똑바로 보이는 곳에 계획해 둔 성주 가족의 가족묘지와 묘지교회를 언급한 부분이 있다. 작정자로서 그런 의미심장한 이야기를 연계시킨 정도라면, 한 번쯤 그 장소에서 그게 과연 어떤 의미인지 살펴볼 필요가 있기 마련이다.

무스카우에는 정원을 크게 가르고 흐르는 나이세 강을 사이에 두고 독일과 폴란드가 서로 마주하고 있다. 원래 하나의 정원이지만 제2차 세계대전이 끝나면서 나이세 강을 경계로 독일과 폴란드의 국경이 정리된 것이었다. 면적으로 보면 전체 정원의 삼분의 이가 강 건너의 폴란드 땅이고, 나머지가 독일 땅으로 되었다. 폴란드와 국경이 갈려져 있었던 데다 나이세 강에 걸쳐 있던 다리마저 전쟁 막바지에 파괴된 후 복구되지 않아 정원은 분단된 상태로 특수한 상황이 되어 있었다. 통일이 되고, 이 정원이 세계문화유산으로 등재되면서 독일과 폴란드는 정원 내에서 서로 국경을 무너뜨리고 다리를 복원하면서 두 나라를 자유롭게 드나들 수 있게 만들었다.

나이세 강을 건너 폴란드 땅의 무스카우 정원에서 찾아본 가족묘지 교회는 전쟁 때 파괴되고 흔적도 없이 사라져, 돌 십자가만이 그 자리를 표시해 주고 있다. 비록 교회는 없지만 돌 십자가가 세워진 그 장소는 그곳이 어떤 경관적 의미를 내포하고 있는지, 숨겨진 뭔가를 찾아내려 하는 사람에게는 완전히 내보여 준다. 묘지교회 자리를 중심으로 잠시 두리번거리다 보면 고목나무 굵은 둥치 아래에 돌로 만든 벤치를 발견할 수 있다. 그 자리에서는 무스카우의 대표 건축물, 성의 아름다운 모습이 그 앞에 펼쳐진 넓은 잔디밭과 아름답게 형성된 숲과 나무들과도 한데 어우러진 매혹적인 경관을 만날 수 있다. 아마도 퓌클러는 여기서 조망되는 성과 정원의 전경을 담아 성에서 항상 창을 통해 내다보고 메멘토모리, 죽음을 생각하라는 중세 이래 유럽인들의 뇌리에 스며 있는 궁극의 경구를 떠올리곤 했던 게 아닌가. 거기 한참을 앉아서 "그래, 여기가 바로 퓌클러 당신이 점지한 당신의 그 장소인가요?" 그렇게 혼자 묻고 대답해 보았다.

독일 남부

바이로이트
하이델베르크
카를스루에
바이에른 주
슈투트가르트
칼브
파사우
울름
아우크스부르크
메스키르히
뮌헨
바덴뷔르템
베르크 주

메스키르히, 하이데거 박물관

울름, 하이데거 만나러 가는 길

철학자 하이데거는 에세이 「들길」에서 어린시절 고향에서 있었던 일들을 떠올렸다. 들길 끝에 있는 벤치에서 책을 읽고 사색을 했던 이야기들이다. 하이데거의 고향 메스키르히에는 '하이데거 벤치'가 있다. 성장기 시절을 회상하던 하이데거의 생각과 그 장소의 분위기를 현장에서 공감하는 것으로 보자면, 여행의 감상을 논의하기는 직감적이며 여행에서 얻는 뿌듯함이나 벤치를 찾아간 성취감은 몹시 즉각적이다. 슬며시 철학적 사유란 걸 끼워 넣어 보면서 왠지 하이데거의 실존이란 문제가 결국 '이런 것'이려니 과장해 보기도 하는 거다.

헤세의 고향 칼브를 찾아가는 길에서는 사정이 조금 달랐다. 헤세가 어렵다는 게 아니라 나에게서 소설은, 헤세는 그의 소설 『수레바퀴 아래서』에서 고향 칼브와 자신의 내면을 그려 놓았다고 하지만, 아무리 칼브에서라 하더라도 소설에 그려놓은 작가의 내면을 직각적으로 공감하기가 쉽지 않다.

독일 남부에서는 철학자 하이데거, 문학가 헤세, 그리고 여러 인물들의 뒤를 따라가 보았다. 울름을 중심으로 독일 남부에는 그들의 흔적이 남아 있는 곳이 조각조각 흩어져 있다. 독일답지 않게 꽤 산골지형이라 남동부의 이 일대는 여기저기 산골 깊이 파고들자면 교통이 조금 불편하다.

푸거라이와 데카나이

아우크스부르크, 푸거라이

세상에, 사람들이 일상생활을 하는 동네인데 입장료를 내고 관람하는 곳이 있다. 아우크스부르크의 푸거라이(Fuggerei), 약 500년 전 푸거가 만든 주거단지다. 푸거라이는 현존하는 세계 최고(最古)의 복지시설이라는 점을 내세운다. 참 애매한 표현법으로 굳이 '현존하는'이란 수식어를 붙여가면서까지 세계 최고임을 내세우는 건 나름대로의 자부심이자 고육지책일지 모른다. 아무리 오래된 동네라 하더라도 무슨 민속촌도 아니고 그렇다고 특별 공연이 있는 것도 아닌데, 그런데도 사람들은 입장료를 내고 끊임없이 찾아온다.

푸거라이는 16세기 아우크스부르크의 거상 푸거가 세운 사회복지시설이었다. 가난하고 집 없는 행려자들을 위해 그들에게 생활공간을 마련해주기 위해 만든 주거단지였다. 지금도 원래 기능 그대로 여전히 무의탁 노인들이 생활하는 주거단지다. 그저 민속촌에 고용되어 옛날 차림에 옛날처럼 살아가는 시늉을 하는 전시용의 모습이 아니라 우편물 배달도 되

아우크스부르크, 푸거라이

고 이웃과 오가며 진짜 생활이 이루어지는 주거단지다. 이곳 단지 곳곳에 있는 벤치에는 이런 글귀가 있다.

"이 벤치는 이곳에 사시는 어르신들을 위한 시설입니다."

그냥 건물과 당시의 원형을 보존하고 있는 게 아니라 지금도 여전히 사회복지시설로 유지되고 있고, 여전히 많은 무의탁 노인들이 살고 있다. 그래서 벤치는 관람객 몫이 아니라 주민인 어르신들의 휴식장소인 것이다. 주민인 어르신들이 쉬는 벤치이므로 관광객들은 그들을 위해 기꺼이 이 벤치를 양보하라는 거다.

한편, 괴테의 작품 중, 잘 알려져 있지는 않았지만 『마인츠점령기』란 글이 있다. 마인츠 전투에 참전한 기록이다. 마인츠 전투에 참여했던 괴테

마인츠, 데카나이

는 평화협정이 체결되고 기나긴 포위 포격전이 끝난 마인츠 성내로 달려 들어갔다.

> 높은 담들은 언제라도 쓰러질 태세를 갖추고 있었고 탑들은 불안정하게 서 있었다. 이러한 상황일진대 주요 건물들을 하나하나 늘어놓으며 그것들이 어떻게 불길 속에서 사라졌는가를 말한다 한들 무슨 소용이 있겠는가. 전부터 내가 좋아했고 언제나 소형 건축의 낙원하면 떠오르곤 했던 사제관으로 서둘러 가 보았다. 합각머리가 달린 주당은 아직 그대로 남아 있었다. 그러나 나는 곧 무너져 내린 아름다운 둥근 천장의 잔해를 밟고 지나갈 수밖에 없었다.
>
> (『마인츠점령기』)

괴테가 말을 달려 가장 먼저 찾아간 곳, 사세관이라 했던 곳은, 원문으로 보자면 '데카나이'다. 번역상에서 생긴 작은 오류였다. 데카나이는 사제관이 아니라 학장 관사가 되는데, 실제 기능은 대학 교수진과 학생들을 위한 기숙관사 혹은 교직원 관사였을 것이다. 괴테가 달려간 곳이라면 상식적으로 보자면 최소한 마인츠 돔이어야 하지 않았을까 싶고, 혹 그게 아니더라도 훌륭한 바로크 양식의 저택 같은 정도는 되어야 하지 않을까 싶은 생각이 드는 건 어쩌면 당연한 일일지도 모른다. 그래서도 『마인츠점령기』 번역본에서는 그곳을 사제관이라고 해두었던 게 분명하다. 아무튼 그런 오역으로 인해 데카나이를 찾아내는 데까지는 큰 혼란이 있었다.

데카나이는 근대에 들면서 거의 대부분 다른 용도로 재개발되었고, 큰길에서 이면도로로 약간 들어간 곳에 옛 모습을 찾기에 큰 어려움이 없을 만한 외관의 저층 연립주택 형식이었다. 괴테는 인류가 남긴 역사적인 것들, 예술적인 것들을 무척 아끼고 소중하게 여겼다. 그랬던 그가 종전이 되기 무섭게 달려간 곳이 겨우 서민주택 수준의 복지관 데카나이였다니. 데카나이 앞에서 곰곰이 생각해 보았다. 왜 하필 여기였을까? 소박한 건축, 서민들을 위한 건축 모델로 평소 괴테가 떠올려보곤 했던 그런 어떤 생각과 관련이 있겠거니 싶었다.

아우크스부르크의 푸거라이와 마인츠의 데카나이는 시기적으로는 몇백 년의 차이가 있지만, 이들이 등장한 배경에는 사회복지시설로 선구적인 위치에 있었던 것이란 점에서 공통점이 있다. 그리고 오늘날의 여행자로서는 쉽게 만날 수 없는 드문 경우들이다.

아우크스부르크

아우크스부르크,
자전거 탄 아가씨

1982년, 독일 유학길. 독일에 온지 며칠이 채 되지 않은 그때 길거리에는 거의 모든 운전자들이 안전벨트를 착용하고 있었다. 지금 관점에서 보자면 그게 뭐 이상할 것도 아니지만, 30년 전 그때는 사정이 많이 달랐다. 전 세계적으로 고속도로가 아닌 곳에서 안전벨트 착용은 의무사항이 아니었다. 마침 독일에서는 시내주행 때도 안전벨트를 반드시 착용해야 한다는 법을 확정해 놓고 일정 기간 동안 계도기간이 끝나고 정식으로 시행되던 날이었다.

독일 사람이기에 안전벨트 착용에 거의 100퍼센트 동참할 거라는데, 바로 전날까지만 해도 거의 대부분의 운전자가 안전벨트를 매지 않고 있었다. 아직은 계도기간이었다 하더라도 당시 상황으로 미루어 보아서는 아무리 독일 사람이라지만 그럴 수는 없을 거라고 생각했다. 그런데 안전벨트 착용의무가 시행되는 그날, 바로 전날과는 전혀 다른 일이 벌어지고 있었다. 모든 운전자들이 안전벨트를 반듯하게 매고 있었다.

그때까지 독일 사람들의 철저한 절약정신과 검소함 그리고 준법정신에 대해 익히 들어 알고는 있었지만 사실 다소 과장되었으리라 싶었다. 그날 이후 독일 사람들에 관한 명성에는 한 치의 과장도 없다는 걸 알게 되었다. 이런 일은 비일비재했다. 법으로 정해지기까지는 숱한 논의가 있고 찬반 열띤 공방이 벌어지지만, 일단 표결에서는 질서가 유지되고 법안이 통과되든 부결되든 아무 군소리 없이 그 결과를 그대로 따른다. 이 간단하고도 명백한 일은 거짓도 과장도 없는 사실이다.

보행자 전용도로의 열풍은 한 세대가 지나는 동안 많은 변화도 있었다. 순방향의 변화. 처음엔 강력한 드라이브를 걸어 자동차 운행을 완전 통제하는 방식이던 것이, 이미 사회적으로도 충분히 정착된 터에 요즘은 다소 완화 내지 여유로운 운용이라는 쪽으로 전개되어 간다. 어떤 도시의 경우에는 아예 보행자도로를 대중교통 수단과 함께 이용하는 경우도 생겨난다. 어차피 대중교통도 많은 보행자의 편의를 위한 것이라는 인식이라면 그럴 수도 있겠다 싶다.

보차혼용 도로란 보행자의 보행 공간과 차량의 주행 공간이 물리적으로 구분되어 있지 않고 보행자와 차량이 한데 다니도록 허용된 곳이니 땅을 집약적이고 효율적으로 쓸 수 있어서, 도시계획과 도시설계, 단지계획 분야에서는 달콤한 사탕과 같다. 그러나 현실은 결코 순방향으로 전개되지 않는다. 만에 하나라도 자동차가 보행자를 배려해주지 않는 우리 사회에서 과연 보행자와 자동차가 공존하리라 기대할 수 있을까? 그래서 보차혼용이란 그냥 사탕발림에 불과할 수 있다. 하여 우리 주변에서 부리는 자동차의 횡포에 노출되는 무법천지를 재촉하는 일이기 십상이다. 보이지 않는 장치와 복선, 상호 신뢰에 따른 약속, 관습적 약속이 전제되지 않고는 자동차와 보행자의 이상적인 공존은 이루어질 수 없다.

보행자 전용도로 개념이 본격화된 1970년대 뮌헨올림픽 때, 뮌헨의 도심지 가장 중요한 거리를 막고 그걸 주도로로 하여 그 이면도로 일대까지 거미줄처럼 자동차 출입을 막은 보행자도로를 만들었다. 소위 보행자몰의 개념은 보행자 전용도로와 도로변의 상업시설들의 영업을 활성화한 현대 도시경관 개념으로 그전부터 미국에서 시작된 것이었다. 절대적인 보행자 천국의 가로, 거미줄처럼 주도로와 이면도로를 엮어 대대적으로 시행한 이 일은 뮌헨을 시발로 독일 전역으로 펴져 나가 시골의 작은 소도시까지 번져 있다.

근자에는 여기서 또 다른 방향으로 변신을 꾀한다. 간혹 보행자 전용도로에서 공용버스에 한해서 보차혼용 방식을 시행하는 것이다. 자동차 운행은 보행속도에 준하는 시속 5~6km를 넘지 않는 범위에서다. 에이, 그게 지켜질까? 독일에서는 지켜진다. 그게 아닐 거면 애초에 보차혼용 개념으로 진화될 리도 없었겠지만.

아우크스부르크는 워낙 오래된 도시인 데다 구도심 언저리는 개발이 더디어 도로 사정이 좋지 않다. 한창 공사가 진행되는 구도심 일대에는 신호 교대에 걸리는 시간이 짧고, 심각하게 정체가 되기도 한다. 바로 옆의 넓은 인도에는 지나다니는 사람이 별로 없다 해도 자전거는 인도로 올라오지 않는다. 올라오지 못하게 정해져 있으므로 누구나 그걸 지킨다.

린츠, 오스트리아

린츠는 오스트리아에서 세 번째 가는 큰 도시인데 아우크스부르크와는 전혀 다른 개념으로 운용되는 광장도로가 있다. 구도심 한가운데에 대단히 큰 광장이 있고, 시내 도심교통의 중요한 도로가 이 광장을 관통한다. 얼핏 보면 도로가 광장을 관통하고 있는 듯이 보인다. 그런데 자세히 보면 도로가 광장을 관통하고 있는 게 아니라 광장이 도로로부터 공간을 빌어다 쓰고 있다. 무슨 이야기인가 하면, 엄연히 차도가 마련되어 있지만 차도에는 양 옆의 넓은 인도와 별다른 경계가 지어져 있지 않아 어디가 차도이고 어디가 인도인지 구분이 되지 않는다. 간간이 지나는 전차 외에는 지나다니는 차량도 그리 많지 않다. 이 도시에 차량이 많지 않은 게 아니라, 시민 모두의 소중한 중앙 광장에 차를 가지고 들어오지 않기 때문이란 표현이 더 적합할 것 같다. 차도가 차도처럼 여겨지지 않는 것이다.

가로등이 열 지어 서 있고 버스정류장 쉘터가 엄연하니 가로등과 버스정류장 쉘터를 선으로 이어 보면 그 언저리가 차도와 인도가 구분되는 경계가 된다. 한눈에 쉽게 그런 사실이 들어오지는 않지만, 그런 게 아닌가 싶어 그런 눈으로 보면 그런 장치들이 눈에 들어오는 것이다. 한참을 서서 관찰하고 며칠을 반복하며, 또 그렇게 몇 해에 걸쳐 다시 들릴 때마다 관찰해 보곤 하는데, 그 거리에서는 전혀 문제가 발생하지 않고 있었다.

린츠의 광장에서 나는 건축가나 조경가가 한 번쯤 꿈꾸어본 그림이 현실화된 걸 본다. 광장과 도로가 공존하면서 동시에 결코 광장이 도로로 인해 깨어지지 않는 그런 것이 가능하다는 걸 본다. 그러나 그것이 가능해지는 건 전문가의 안목과 실력이 아니라, 기꺼이 광장을 가지고 싶어 하는 시민들의 자발적 시민의식이다.

메스키르히 들길에서 만난 하이데거의 실존문제

여행을 하다 보면 즐겁고 보람을 느낄 때도 있지만 심신이 지치고 기분이 가라앉을 때도 있다. 내가 왜 이러고 있나 자책도 하고 자괴감에 빠지기도 한다. 교통편이 여의치 않은 목적지를 찾아가는 여행에서 특히 그렇다. 환승을 하고 시간을 잘 맞춰야 하며 예상치 않은 변수가 생겨 차질이 생긴다거나 하면 더욱 그런 생각이 든다.

독일은 기차가 대중교통의 중심이 되어 촘촘하게 엮여 있다. ICE 같은 고속철 열차편이 대도시를 중심으로 지역 간을 이어 주고, 대도시를 중

메스키르히

심으로 한 일정한 권역을 왕복하면서 지역 간을 연결해준다. 일반 시내버스와 시외버스가 다니긴 하지만 시골의 역에서 더 깊이 들어가는 동네로 승객 왕래가 많지 않으면서 철도가 놓이지 않은 곳은 기차역에서 운행하는 버스가 엮어준다. 사실상 철도가 거의 전국을 엮어 주는 셈이다.

그런데 멀리 떨어진 두 지점 간을 이어 주는 장거리 운행방식이 아니라 작은 반경의 구역 단위로 운행하는 방식으로, 각 단위가 되는 원과 원이 서로 원호에서 접점을 이루며 연계되어 있어서, 먼 거리의 오지를 찾아가야 할 때면 수없이 환승을 해야만 한다. 승용차로 간다면 간단히 갈 수 있지만 기차를 타고 지선 역으로 가서 다시 철도버스를 타고 작은 동네로 가서 거기서 또 다시 버스를 갈아타고 한참을 가야 하는 방식이다. 환승을 기다리는 시간도 길고, 시간도 더 오래 걸린다. 어차피 여행이니 느린 걸음으로 간다 치지만, 숙소를 정하는 일과 맞물리면 문제가 조금 복잡해진다. 그렇게 찾아간 곳 중 특히 애를 먹었고, 그래서 더욱 기억에 남는 곳으로는 철학자 하이데거의 고향 메스키르히(Meßkirch)가 있다.

하이데거는 노년에 고향 메스키르히를 회상하면서 짧은 에세이 「들길」을 발표했다. 성장 시절의 고향 메스키르히에 묻혀 있던 일들을 끄집어내 담담히 적어 내렸다.

> 들길은 호프가르텐 성문을 빠져 나와 엔리트 쪽으로 치닫고 있다. (……) 들 가운데는 십자가가 서 있다. 들판에 서 있는 십자가에서 보면 숲 쪽으로 굽어가고 있다. 숲가에는 떡갈나무 한 그루가 하늘 높이 치솟아 있다. 여기를 지날 때는 길도 인사를 보낸다. 떡갈나무 아래에

는 미처 손길도 가지 않은 평상이 하나 놓여 있다. 말이 평상이지 걸상이나 다를 게 없다.

(「들길」)

「들길」에는 수공품을 만들어 파는 일을 하면서 교회 종지기 일을 했던 아버지 이야기도 나온다. 하이데거는 책을 한두 권 끼고 성의 정원 호프가르텐을 지나 숲길 가장자리와 만나는 지점으로 이어지는 들길을 걸어 한참을 간 곳에 있는 벤치를 즐겨 찾았다. 거기 앉아 책을 읽다가 넓은 들판을 바라보기도 하면서 사색에 잠기곤 했다. 15분 간격으로 울리는 교회 종소리가 들리면 아버지가 종치는 모습을 떠올렸다.

메스키르히는 예상했던 것보다 훨씬 작은 도시였다. 구도심에 해당될 동네 중심을 지나 약간 오르막길이 되어 있는 언덕에 소박한 모습의 종탑을 가진 교회가 있고, 작은 광장을 지나 성이 이어진다. 하이데거가 「들길」에서 이야기한 것들이 그대로 있었다. 조용한 뜰을 지나 성으로 들어서면 작은 중정이 나오고, 중정을 관통해 나가면 성 뒤쪽으로 낮게 울타리가 둘러진 소담한 숲이 있는 공원이 나온다. 원래 호프가르텐 성에 딸린 정원이었던 곳이다. 한석한 숲을 잠시 거닐다가 밖으로 나가는 작은 문을 나서면 최근에 들어선 듯한 주택가가 나온다. 잠시 동네를 거닐다 보면 금세 동네가 끝나고 넓은 들판이 펼쳐진다. 성과 정원을 지나 들판 한가운데로 길게 나 있는 들길을 따라 한 시간 이상, 한참을 걸어 간 곳에 아주 평범한 나무 벤치가 나온다. 하이데거 벤치다.

하이데거의 벤치는 바로 뒤 짙은 숲이 받쳐주는 숲가에 놓여 있었다.

메스키르히 하이데거 벤치

작은 농로 겸 찻길 하나를 사이에 두고 넓은 경작지가 있는데 한창 밭일을 하는 트랙터 한 대가 건초를 가득 싣고 막 동네로 돌아가고 있었다. 벤치에 배낭을 내려놓고 주변을 한차례 돌아보았다. 사방이 들판과 숲인데 멀리 지평선 너머 낮은 구릉에 숨어서 살짝 보이는 건 메스키르히의 교회 첨탑이고 간간이 일정한 간격을 두고 종이 울린다. 워낙 멀어 저 소리가 여기까지 들리나 했지만 주위가 조용하고 들판 여기저기서 나는 새소리 바람소리 외의 어떤 소음도 없어 종소리는 더욱 또렷하다. 몇 번을 치는지 셀 수 있다. 원래 교회 종은 매시 15분에 한 번, 30분에 두 번, 45분에 세 번 그리고 매 정시에 시간 수만큼 친다. 예를 들어 다섯 시면 다섯 번 종을 치고, 그 뒤로 치는 종소리 수를 세어 보면 다섯 시에 더하여 15분인지 다섯 시에 30분이 더해지는지 알 수 있어서 종소리만으로도, 15분 단위로 시간을 알 수 있다.

내가 어떻게 하이데거의 실존철학을 이야기할 자격이 될까 싶지만, 이곳 벤치에서는 들려오는 종소리며, 들에서 일하는 농부의 트랙터 소리와 땅에 떨어진 곡식 낟알을 쪼아 먹느라 정신없는 새떼들을 보면서 잠시 사색도 하면서, 하이데거의 실존 문제가 뭔지 조금은 알 수 있을 것 같다는 착각을 한다.

울름의 새벽거리

새벽, 아직 날이 밝아질 때까지 몇 시간은 남아 있는 꼭두새벽에 우산을 들고 울름 중심가를 걷는다. 무슨 청승으로 이 새벽에, 왜 하필 울름인가. 야간열차를 타고 졸다가 불현듯 여기서 내려야 한다는 생각에 부리나케 내렸다. 울름(Ulm)이었다. 잘못 내린 거다. 메스키르히에 가기 위해 어디든 큰 도시에서 내려야 했는데, 순전히 얼떨결에 내린 게 울름이었다.

억수같이 비가 내리고 있었다. 이미 기차는 떠났고 다음 기차는 몇 시

울름의 새벽

간이 지나 아침이 돼야 있었다. 별도리 없이 역 밖으로 나가 보지만 캄캄한 밤중에 비만 억수같이 내릴 뿐이다. 이 시간에 어디 가 있을 곳도 없고, 그렇다고 역 구내에서 몇 시간을 어슬렁거리고 있을 수도 없을 노릇이다.

배낭에서 우산을 꺼내 시내 중심가가 나올 법한 곳으로 방향을 잡아 걷고 본다. 길에는 아무도 없다. 얼마나 지났을까? 청소차가 지나가고 그 뒤를 이어 수레를 끌고 청소를 하는 청소부들이 뒤처리를 하며 지나간다. 그렇게 또 얼마나 지났을까, 이른 출근길을 재촉하는 행인들이 한둘씩 나오기 시작한다.

아직 거리는 잠을 깨기 전인데, 어둠을 뚫고 가장 먼저 가게를 열기 위해 준비를 시작한 곳은 빵집이었다. 독일 사람들한테 빵집은 우리 떡집과도 같다. 꼭두새벽부터 문을 열고 일을 시작하는 전통시장 거리의 떡집처럼 빵집이 새벽 거리에서 가장 먼저 잠을 깬다. 그리고 한참 뒤, 이른 출근길을 서두르는 사람들의 발길이 시작되는 즈음 카페가 문을 열 준비를 시작하고 도시의 거리는 서서히 기지개를 켜고 있었다.

울름의 아침이 서서히 다가올 무렵, 커다란 배낭을 하나씩 멘 여행객 두 명이 내 앞을 스쳐 지나갔다. 사십대 정도로 보이는 훌쩍 큰 사내와 그 옆에 아직 앳된 모습을 벗지 않은 십대의 남자아이가 비를 맞으며 씩씩하게 걸어와서는 광장이 시작되는 즈음에 서서 교회를 한참 쳐다보고는 그냥 돌아서서 다음 행선지로 가는 것이었다. 부자가 함께 무작정 도보여행을 하고 있는 모양이었다.

보행자거리를 따라 들어오는 동안 길 양쪽의 가게 쇼윈도를 밝혀둔 불빛만 비에 젖은 거리의 바닥을 비춰주고 있을 뿐 온통 어둠 속에 묻혀 있고, 게다가 비까지 내리니 어둠은 한결 더 어두워 칠흑같이 내려앉아 있다. 쇼윈도를 구경하며 한참을 걸어든 끝머리 즈음에 검푸른 빛이 살짝 도는 천공을 배경으로 하늘 높이 치솟아 오른 고딕교회의 첨탑 실루엣이 시야 가득하게 들어온다. 울름 역에서 큰 길을 하나 건너와 곧장 찾아들게 되어 있는 길은 차 없는 거리, 보행자 전용도로로 이어진다.

울름 빵집

울름 대성당

울름에는 사방에서 길고 짧은 구간으로 보행자도로가 거미줄처럼 엮여 있고 역에서 찾아드는 방향에서 보자면 도심 한가운데 대성당이 우람하게 서 있는 거대한 광장으로 이어지게 되어 있다. 그러고 보니 울름 대성당은 대학 시절 서양건축사 시간에 배운 적이 있었다. 눈앞에 솟아 있는 저 성당이 수없이 많은 유럽의 고딕성당 중 대표적으로 꼽히는 파리 노트르담 성당, 쾰른 내싱낭과 함께 고딕양식을 대표적으로 보여 주는 그 유명한 것이란 말이지? 고딕성당을 만나려고 일부러 울름까지 찾아올 이유는 없겠지만, 잠시 잘못 판단하여 기차에서 내려버린 실수를 계기로 이렇게 만나게 되니 이것도 예사롭지 않은 인연인 것 같다.

그런 생각을 하며 온 동네를 휘젓고 다니는 동안 비도 잦아들고 주위가 서서히 밝아지고 있었다. 교회광장이 보인다. 광장은 원래 집회나 시장의 기능을 하던 곳이었다. 요즘은 도심의 중요한 빈 공간 역할을 한다. 교회의 집회 기능이 있는 것도 아니고, 정기적으로 과일이나 야채를 중심으로 일일 시장이 열리는 경우가 있지만, 아무튼 광장이 해오던 전형적인 기능은 없어졌다.

광장이라고 해 놓고 보니 이런 생각이 든다. 광장처럼 도심의 비워둔 공간을 오픈스페이스라 부르며 빈 채로 그냥 두는 것은 방정식에 수를 대입하여 값을 내는 수식과정과는 달리 도출되는 아무런 결과는 없지만 무한한 값어치를 내는 묘한 산식의 계산이다. 아무 기능이 없이 그냥 비어 있는 공간, 그것도 도심 한가운데 가장 중요한 몫을 차지할 수 있는 곳을 텅 비워 놓은 것은 지극히 여유로움의 표상이며 여유로움을 찾아 도심을 찾아드는 주민들과 여행자들을 여유롭게 맞이하고 활기찬 도시를 유지하게 해준다.

어떤 여행이든 일부러 새벽같이 숙소에서 나와 동네 한 바퀴를 돌아보기도 하지만, 이른 아침, 아직 잠이 깨지 않은 울름의 도심에서 어둠살 위로 희미하게 반사된 포장도로의 빛을 역광으로 받아 흑백의 실루엣으로 가득 찬 새벽 광장을 보았다. 아직 비둘기 떼가 몰려들기에도 이른 아침, 바삐 출근길을 서두르는 사람, 문 열 준비를 서두는 가게, 이제 청소차가 지나간 깨끗한 도시는 서서히 잠을 깨어 간다. 여행은 그렇게 계획한 일들을 목표로는 하되 목표한 것에 너무 얽매일 필요는 없다. 예정하지 않던 여정에서 전혀 뜻하지 않는 일들과 엮이며 여행다운 여행이 이루어지는 게 더 많을 수 있기 때문이다. 억수같이 쏟아지던 비는 잦아지고 있는데 도시는 아직 깊은 잠에서 깨어나지 않고 있다.

칼브의
헤세 후예

문학은 내 스타일이 아니어서인지 쉬 가까이 다가가지 못한다. 대체 그게 무슨 소리냐, 소설은 그냥 재미있게 읽기만 해도 되는 게 아니냐고 할지 모르지만, 솔직히 나는 소설 한 권 읽기가 쉽지 않다. 게다가 소설 하나를 가지고 여행길에 올라 소설 주인공이 거닐던 광장에 주인공을 올려놓고 이야기를 그려가는 것까지는 어떻게 해보겠지만, 그로부터 작가의 내면을 알아낸다거나 살펴가야 하는 건, 하루 이틀 가 본 것만으로 될 일이 아니니다.

헤세의 『수레바퀴 아래서』에서 작가가 그려놓은 곳, 작가의 고향 칼

칼브

브(Calw), 광장 한쪽으로 대충 다듬은 석재로 쌓아 만든 커다란 수조가 있고 거기로 둔탁하게 생긴 수도꼭지에서 졸졸졸 한줄기 물이 흘러내린다. 도심 한구석 어디쯤엔가 으레 하나쯤 있을 법한 우물. 그 주변에는 천진난만한 아이들이 뛰어놀 공터 하나 정도는 있을 테고, 작은 상점들이나 카페 하나 둘 쯤은 있어서 차분한 도시의 한가로운 정경이 그려지는 동네다. 유럽에서는 어지간해도 대략 그만한 정경을 보여줄 수 있을 것 같은데, 아직 공사용 철책이 설치되어 있어 어수선하기는 했다.

무슨 기막힌 일이라도 일어날 걸 예상이라도 하듯, 작은 우물이 있는 광장 한쪽에서 광장을 무심히 관찰하고 있었다. 한참을 그러고 있던 끝에 이 도시와 광장을 환하고 밝게 만들어 주는 것은 그 옛날 헤세가 뛰어놀던 것처럼, 우물과 다리 사이의 거리를 뛰어다니며 놀고 있던 천진난만한 모습의 동네 아이들의 웃음소리임을 느낄 수 있었다.

헤세는 『수레바퀴 아래서』에서 이 다리 언저리에 한스를 등장시켰다.

> 한스 기벤라트는 천천히 어슬렁거리며 구 시청에 면한 광장을 지나, 마르크트 골목을 거쳐 낡은 다리에 이르렀다. 거기서 그는 넓은 다리 난간에 앉았다. 몇 주간이나 몇 달간이나 매일같이 이곳을 지나면서도 그는 다리 가의 작은 고딕식 예배당을 눈여겨보지 못했다.
>
> (『수레바퀴 아래서』)

헤세의 고향 칼브는 독일에서는 드물게 산간지대에 있는 도시이다. 칼브에 가는 동안 기찻길 옆으로 펼쳐지는 산악 경관이 새롭다. 역에서 내

칼브, 헤세 동상

리면 더욱 재미있는 정경이 펼쳐진다. 역과 철로와 플랫폼은 산 중턱에 걸려 있고, 눈 아래로 도시 전체가 한눈에 내려다보인다. 역 플랫폼을 벗어나 계단을 따라 뱅글뱅글 돌아 한참을 내려와야 겨우 도심으로 드는 길목 건너편에 이를 수 있다.

가는 날이 장날이라고, 마침 칼브에 장이 열리고 있었다. 그것도 보통 장날이 아니라, 무슨 축제가 열린 것처럼 거리와 상점가, 광장 할 것 없이 사람과 장사하는 손수레가 인산인해를 이루고 있었다. 북적대는 장날 분위기에 휘말려 기대했던 산간의 적막한 소도시 이미지는 전혀 느낄 수 없었다. 헤세 박물관도 들렀고, 그냥 표석으로 남아 있는 겉모습뿐이긴 하지만 헤세의 생가도 확인하는 동안, 복닥거리던 시내의 시장거리는 1초의 연장도 없이 깨끗하게 문을 닫고 다시 한적함을 되찾고 있었다.

최근 교양 수업에서 한 학생이 헤세의 『수레바퀴 아래서』와 함께 칼브에 관한 보고서를 제출하였다. "한스는 헤르만 헤세 자신을 투영한 것"이라고 보았고, "권위에 저항하던 친구인 헤르만 하일리너 또한 헤르만 헤세의 마음속에 내재된 또 다른 욕망의 표현이었다"고 썼다. 그러나 이는 요즘 어지간한 인터넷 정보만 뒤져도 나올 이야기다. 그것만으로 이 보고서에 탁월한 무언가가 있다고 보지는 않는다. 인터넷 검색 말고 귀찮더라도 책을 읽고 과제를 하길 누차 당부해왔기 때문에 이 보고서에서 한스와 헤르만에 작가를 비쳐본 것은 인터넷 검색 덕분은 아니었으리라 굳게 믿는다.

돌아 나오는 길, 전형적인 현대 주거지역이 이어지고, 거기를 벗어나면서부터 한창 막바지에 이른 공사판이 벌어져 있어서 어수선한 곳이 이어지고 있었다. 마무리 작업이 한창인 길 한가운데, 한쪽 손에 중절모를 벗어 들고 물끄러미 뒤돌아보는 모습의 전신 조각상이 서 있었다. 노년기에 접어든 모습의 헤세였다. 다리가 막 시작되는 즈음이었다. 조각가는 그냥 조각을 한 게 아니라 바로 그 다리에서 노작가가 하고자 했던 작가의 생각마저 새겨 넣은 환경조형물을 구현한 것이란 걸 직감했다. 조각가는 헤세를 이해한 것이 틀림없다. 그리고 내 수업을 듣던 학생도 헤세의 칼브를 이해한 게 분명한 것 같다.

결국 제목 '수레바퀴'는 그를 억눌렀던 무거운 권위, 압박, 기대와 강요였을 것이며……. 이렇게 그의 암울한 소년기를 표현한 책이지만 그래도 그가 살던 고향과 수도원 주변을 증오하지만은 않은 것 같다. 왜냐하면 책에는 그의 고향인 '칼브'와 '마울브론 수도원'이 아주 고즈넉하고 아름답게 묘사되어 있기 때문이다.

(학생 기말보고서 중)

지금쯤 그 학생도 실제로 칼브를 다녀왔을지도 모르겠다.

플뢰켄슈타인 호수, 체코

하이트뮐레에서 보낸 시간

플뢰켄슈타인(Plöckenstein) 산 정상 부근에서 체코, 독일, 오스트리아 세 나라의 국경이 한 지점에 모인다. 플뢰켄슈타인 둘레로 거대한 산림 지역이 펼쳐지고, 세 나라는 각각 보헤미아 숲, 바이에른 숲, 뮐피어텔 등의 이름을 붙였다. 지리산을 중심으로 경상남도와 전라남도, 전라북도가 서로 도의 경계를 이루는 가운데, 남원, 구례, 하동, 함양이 각기 독특한 문화권을 이루는 것과 흡사하다.

슈티프터는 오스트리아의 국민작가로 존경받는다. 오버플란(현재 체코 호르니플라나)에서 태어나 성장했다. 작가로서 교육자로서 문화재위원으로서, 북부 오스트리아의 린츠에서 고향을 오가던 길목, 혹은 요양차 머물렀던 남부 독일 바이에른을 거점으로 여러 지역에서 활동을 했다. 슈티프터의 행적을 따라가려면 세 나라를 포함해 플뢰켄슈타인 둘레의 광활한 산림지역을 휘돌아 가야 한다. 교통이 원활치 않거나 아예 자동차 교통 자체가 불가능하며 더욱이 최근까지 공산권과의 철의 장막이 가로막고 있던 국경지대였던 관계로 원활하게 움직일 수 없지만 반면에 그만큼 거의 원시림에 가까운 환경을 만날 수 있는 천혜의 자연을 마주할 수 있다.

호텔 아달베르트 슈티프터 하우스

호텔 아달베르트 슈티프터 하우스

파사우는 도나우 강을 사이에 두고 오스트리아와 이웃한 국경도시다. 오랜 역사를 가진 고도로 합류되는 두 강 어귀의 경관과 시내의 아기자기한 골목길마다의 정취, 그리고 오랜 세월을 지내온 수도원과 요새의 흔적이 역력한 고도의 경관이 매력적이다. 여기서 버스를 타고 한 시간가량 들어가야 하는, 체코와 국경을 이룬 국경도시 하이트뮐레로 가려던 참이었다.

하이트뮐레는 우리 식으로 보자면 면소재지인데 거기에 프라우엔베르크란 동네에 있는 호텔을 찾아가는 길이었다. 처음 가는 길이기도 하지만, 시골에서는 촌락을 이루지 않고 농가 한두 채 정도씩 서로 뚝 떨어져 있으면서 부락을 이룬 산촌(散村)일 수도 있어서 확실히 하차할 지점을 찾지 못하면 낭패를 볼 수도 있다. 이럴 때는 기사에게 목적지를 확실히 일러두고 내릴 때 알려달라고 당부해 두는 게 상책이다. 물론 하이트뮐레를 찾아갈 때도 반드시 그래야 했다. 한참을 졸다 깨니 어느 듯 완만하게 언덕을 이루던 들판 지역을 지나 꽤 깊은 산지로 접어드는 길목에 이르고 있었다. 그러고도 한참을 더 달린 후, 기사가 일러준 곳에서 내렸다. 하차를 하고 보니 사방으로 눈에 들어오는 범위에서는 집도 절도 없는 허허벌판일 뿐, 이건 분명 사람 사는 동네 인근이 아니었다.

프라우엔베르크의 호텔 이름은 '호텔 아달베르트 슈티프터 하우스'였다. 그냥 오스트리아의 국민작가 슈티프터의 이름을 딴 일종의 짝퉁이려니 했다. 아무리 오스트리아에 인접해 있고 작가의 고향, 지금은 체코 땅이 되어 있는 호르니플라나가 또한 하이트뮐레의 국경초소를 통하여 갈 수 있는 길목이라고는 하지만, 그래도 여기 시골 골짜기에 슈티프터의 이름을 딴 호텔이 슈티프터와 연관되어 있을 리는 없고 그냥 그 유명세에 한 발 들여놓자는 정도일 거라고 생각했다.

그래도 호텔 이름이 의미 있다 싶어 인터넷으로 예약을 해 두었다. 이 고장의 물정도 모르고 해서 우선 여기서 하루 묵으면서 상황을 보기로 했던 것인데 버스에서 내리고 보니 집도 절도 아무것도 없는 그냥 허허벌판만 펼쳐져 있었으니 얼마나 황당했을까.

호텔은 결코 평범하지만은 않았다. 값도 비싸지 않았고, 시골 분위기가 물씬 풍기는 침실도 그렇고 모든 점에서 프라우엔베르크 버스정류장의 허허벌판 첫인상을 한 번에 날려버릴 정도로 만족스러웠다. 식당 메뉴도 거의 슈티프터와 그의 작품과 연관된 이름으로 해 두었을 뿐 아니라, 음식도 상당히 정갈하고 맛깔스러웠다. 그러저러한 이유로 해서 여기야 말로 이 일대를 휘젓고 다닐 아지트가 될 만하다 싶었다. 아예 여기를 거점으로 삼고 이 일대를 샅샅이 훑어내는 여행 일정을 소화하기로 한 것은 순전히 즉흥적인 결정이었다. 슈티프터의 행적과 그의 작품 무대를 훑어가려 했던 두 해 동안의 대장정은 그렇게 하이트뮐레 프라우엔베르크의 호텔 슈티프터하우스에서 시작되었다.

호텔을 거점으로 일주일을 묵으며 이 일대를 여행했다. 마땅히 이동수단도 없던 터에 어차피 걷고 또 걷는다고 각오한 상황이었으니 그냥 걸었다. 때로는 차가 없어 걸었고 때로는 버스를 놓쳐 몇 시간 후에야 올 버스를 기다리느니 그냥 걸었다. 호텔 주인은 그런 나의 일거수일투족을 다 꿰고 있다가 '기관차'라는 별명을 붙여 주었다.

체코 남부 보헤미아 지방은 예전 오스트리아 제국 시절 오스트리아령이었다가 제2차 세계대전이 끝나면서 체코땅이 되었다. 보헤미아의 남쪽 끝을 이루는 거대한 산맥의 최고봉은 플뢰켄슈타인이다. 플뢰켄슈타인의 산 정상을 정점으로 편편하고 길게 늘어진 능선 어느 한 지점에 독일과 오스트리아 그리고 체코 세 나라의 국경이 모인다. 세 나라의 국경이 삼각방향으로 퍼져 나가는 일대는 고산지대의 넓고 짙은 삼림을 이룬다. 독일 사람들은 체코에 속한 삼림을 뵈머발트 즉 보헤미아 숲이라 부른다. 독일의 남부바이에른 지방에서는 바이에른 숲이라 부른다. 오스트리아에서는 뮐피어텔이란 이름을 가지고 있다.

처음에는 만만하게 생각했다. 계획대로라면, 가능한 짐을 줄이고 가벼운 차림으로 출발해도 좋을 정도의 산행이 될 것이었다. 최소한의 물과 빵, 사과 정도만 챙기면 되는 거였다. 그래서 물은 일부러 페트병으로 반만 채웠고 빵도 하나, 사과도 반만 챙겼다. 체코, 독일, 오스트리아 세 나라의 국경을 넘나들면서 체코 깊숙한 곳까지 돌아서 마치 지리산 능선을 종주하듯이 긴 능선을 훑고 오는 산행이었다. 정확히 11시간이 걸렸다.

발 아래로 거대한 숲과 숲 한가운데 구멍이 나 물이 차오른 듯이 거대한 호수가 펼쳐져 있었다. 발아래는 천 길 낭떠러지. 멀리 까마득히 바라보이는 시야의 끝에는 겹겹이 중첩된 산 능선의 실루엣이 희미하게 놓여 있었다. 그 가운데 적당한 기리의 눈 아래로 길게 가로놓인 거대한 호수가 보였다. 슈티프터의 소설 『보헤미아의 숲』 대부분의 이야기가 이루어지는 무대, 남작 하인리히의 두 딸이 피신해 와서 지내던 보헤미아 숲 산정호수 플뢰켄슈타인 호수다.

> 동화에나 나올 것 같은 이 환상적인 호수에 올라올 때면 참을 수 없는 깊은 고독감이 엄습하곤 한다. 험준한 절벽 사이의 호수는 주름 하나 없는 팽팽한 천을 깔아 놓은 듯 고요하다. 주변에 빽빽이 들어선 숲에는 고대 신전의 기둥처럼 우뚝 솟은 가문비나무들이 장엄하게 들어차 있다.
>
> (『보헤미아의 숲』)

하이트뮐레 신문 인터뷰

프라우엔베르크 호텔 식당

슈티프터가 태어난 곳은 지금의 체코 호르니플라나다. 제2차 세계대전 전에는 오버플란이란 이름의 오스트리아 지역이었다. 고향에서 초등학교를 마치고 고등학교 과정인 김나지움을 잘츠부르크 인근의 크렘스뮌스터 수도원 학교에서 다녔다. 그 후 빈에서 대학을 마치고 린츠에서 장학사를 지내고 그곳에서 생을 마쳤다. 슈티프터는 크렘스뮌스터나 린츠 그리고 빈에 사는 동안 고향을 오가자면, 플뢰켄슈타인을 넘어서 산길로 빠른 길을 다니거나 마차를 타고 아피슬 방향에서나 하이트뮐레의 바이에른 숲 지역을 지나 다녔다고 한다. 또한 중요한 집필을 하던 곳 역시 오스트리아 뮐피어텔과 하이트뮐레의 바이에른 숲 지역에 있었다. 그래서 그런지 이 일대에서는 슈티프터가 어느 나라 출신이며 어디 소속인지는 전혀 중요하지 않으며 여러 지역에서 동시에 존경을 받는 것 같다. 호텔 주인 내외가 슈티프터에 그리도 깊은 관심을 갖는 것도 알고 보면 별 이상할 것도 아니었다. 하긴 슈티프터의 행적을 좇아 프라우엔베르크를 찾아든 동양의 이 여행자를 봐도 그게 맞이 될 법 하지 않나.

며칠 동안 작가의 고향을 찾아 체코 깊숙이 갔다 오고 호텔 뒷산의 드라이제셀베르크도 다녀오며 기어코는 11시간의 산행을 마다하지 않고 플뢰켄슈타인도 다녀왔다. 슈티프터의 행적을 따라 취재에 열중하는 걸 지켜본 안주인은 드디어 자기가 나서야 할 때라는 결심이 선 듯 활발하게 움직이기 시작했다.

나흘째 되던 날이었다. 며칠간 열심히 돌아다닌 것들을 잠시 정리도 할 겸 식사를 마친 뒤 창가 식탁에 자리를 잡고 있는데, 갑자기 먹구름이 몰려오면서 억수 같은 폭우가 한차례 휘몰아쳤다. 그러잖아도 아침에 안주인이 넌지시 언질을 주었던 게 하이트뮐레 시청에서 관광홍보 담당직원이 인터뷰를 하러 올 것이라는 것이었다. 하이트뮐레의 소식지 같은 신문이 발행되고 있어서 그 편집 담당자가 자리를 함께하고 싶어 하는데 잠시 인터뷰에 응해줄 건가 물었다. 짐작컨대 동양에서 온 여행객이 그 위대하고 난해한 슈티프터를 취재하고 다닌다는 걸 알고는 이 구석진 곳까지 온 외국의 중요한 손님을 인터뷰하여 신문에 기사를 내고 싶어 그러는 것 같았다.

그런데 그 사람들이 어떻게 이 일을 알았겠느냐 싶은데, 결국 이리저리 맞춰 보면 안주인이 넌지시 알려준 것 같다. 그 일부터 시작하여 나를

▎프뢰켄슈타인 7부 능선 즈음 너덜지대

이 사람 저 사람에게 소개하고 인사시키고 했는데, 참 공교롭게도 호텔에서 쉬고 있는 시간이나 저녁시간에 아주 때맞춰 우연히 들리듯 스쳐 지나간 사람들만 해도 셀 수 없을 정도였다. 그러나 그게 모두 우연히 그렇게 된 것이었을까 말이다.

독일 사람들 사이에서 의사나 법관, 교수 등 그렇게 세계 공통으로 선호되는 직업 외에, 또는 경우에 따라서는 그런 직업보다 훨씬 존경받고 청소년들이 선호하던 직업으로 꼽히는 게 산림관이다. 산림관은 숲을 관리하는 책임자다. 하이트뮐레의 산림관이 마침 프라우엔베르크의 호텔 가까이에 살고 있었다. 호텔 주인이 소개해 주어 산림관의 안내를 받아 호텔 가까운 일대 숲을 답사하면서 속속들이 둘러보고 안내를 받을 수 있었다. 참 의미 있는 경험이 아니었나 싶다.

마침 슈티프터를 주제로 한 여행은 그 다음 해까지 이어져 두 해 연속 내 개인적인 관심사에 의한 프로젝트였는데, 슈티프터 작품을 우리말로 옮긴 번역자와 슈티프터 연구를 위해 동행하였다. 산림관은 산속으로 숲을 안내하며 산림을 관리하고 있는 모습들을 세심하게 안내해 주었다. 숲을 벗어나 멀리 떨어진 자연부락이 있는 곳으로 자연의 습지와 사람 키보다 높게 자란 자연의 초원으로 안내했다.

산에서 내려오는 중에 산림관은 길에서 아는 친지를 만났는지 잠시 차를 세워놓고 환담을 나누었다. 그냥 지나는 길에 만난 지인끼리의 인사려니 했다. 굳이 우리가 어떤 사람이며 슈티프터를 따라 여행하고 있는 중이라는 식으로 간단히 소개를 시켰다. 우리도 차에서 내리지 않고 그냥 차창으로 눈인사만 했고, 그 사람들도 으레 인사치레처럼 "오 그런가, 참 멀리서 온 귀한 손님이로구나" 그런 식의 형식적인 인사였다.

프라우엔베르크, 보헤미아 숲

프라우엔베르크의 산림관

산림관은 18세기 프랑스에서 있었던 신교도의 박해로 추방당한 위그노의 후손이었다. 전형적인 독일인의 기질이나 성향과는 남다른 부분이 있어서 그런지 짓궂은 면이 없지 않았다. 자기가 소개해준 동양인에 대해 친구들이 별로 반응이 없자 조금 강한 펀치를 날렸다. "그런데, 이 사람들이 자그마치 슈티프터 작품을, 그것도 두 개나 번역을 했대!" 그 이야기를 들은 산림관의 친구 내외는 그 자리에서 거의 소스라치면서 경악을 하고 있었다. "어머, 이 무슨 말도 안 되는 소리야. 슈티프터 작품을 번역했다고!"

최소한 하이트뮐레의 바이에른 숲 지역의 독일 사람들에게 슈티프터는 거의 국민작가 수준으로 추앙을 받고 있었다. 이 지방 사람들에게서 슈티프터는 괴테를 훨씬 능가하는 인물이라는 인상을 받을 수 있었다.

여행의 끝

사진 한 장 속에는 그때 만난 것들에 관한 기억이 담겨 있다. 워낙 오래된 일이라 거의 기억 저편에서 가물가물해졌다 하더라도 한 장의 사진을 통하여 기억을 되살려 낼 수 있다. 여행에서 찍어둔 내 사진들은 대부분 어느 인물의 전기나 행적에 초점을 맞추어 그의 뒤를 따라 간 기억의 절편이다.

창 밖의 정원 주인으로 바라보기

게르덴, 뜰에 있는 수조

나는 경관을 전공하는 조경학자이지만, 그런 내가 조경 이야기가 아니라 여행기를 쓰고 있다. 무슨 지명도 있는 작가도, 여행을 전문으로 하는 여행작가도 아니면서 그냥 두루 여행하던 일들을 기억나는 대로 수필처럼 써내려가는 것이다.

그렇게 해도 되는 걸까?

평소 여행 중에 만난 여러 기억과 일상의 일들을 사진이나 녹음으로 혹은 몸으로 기록해두는데, 그런 나의 습관은 어떻게든 조경과 관계되어 있다.

조경학자의 여행기라고 해서 다른 사람들의 여행기와 특별히 다를 것은 없다. 글 솜씨로 보자면 여행 작가가 쓴 여행기에 못 미치고 여행 정보에 관해서라면 관광 안내책자에 훨씬 못 미친다. 그래도 다른 게 조금 있다면 정원을 바라보는 두 시각, 즉 손님으로서 보거나 혹은 주인으로서 바라보는 것의 차이와 같은 것이다. 주인으로서 정원을 바라본다는 건 별다른 노하우가 있는 게 아니라 그런 입장이 되려 한다는 행동의 문제이다. 정원을 구경하는 것과 주인으로서 대하는 것의 차이는 분명히 있다. 손님 입장에서 슥 지나쳐보거나 구경하는 것으로는 정원의 세계를 충분히 들여다볼 수 없다.

독일의 게르덴에서 1년간 살았다. 본채와는 벽 하나를 사이에 두고 증축해 놓은 오픈된 2층 구조의 원룸 형식의 세련된 별채였다. 그 집 거실 창을 통해 내다보이는 마당에는 전형적인 독일 주택의 정원이 펼쳐져 있었다. 울타리 둘레로 관목이 우거져 짙게 덤불을 이룬 가운데 수십 년 된 과수 한 그루가 마당 가득 넓은 그늘을 만들어 좋은 휴식장소가 되었다.

내 방, 창가에서 바로 내다보이는 곳에는 작은 수조가 놓여 있었다. 그 옆에 관목 몇 그루와 화분 몇 개가 작은 덤불을 만들고 있어서, 이름 모를 온갖 새들이 놀러와 물도 마시고 목욕도 했다. 물만 마시고 가든 후루룩 목욕까지 하든 새들은 한 번에 두 마리 이상 수조에 들어가지 않았다. 옆의 나뭇가지에 앉아 기다리다가 수조 안 친구가 볼일을 다보고 날아가면 비로소 제 차례라 생각하고 쪼르르 수조에 내려앉곤 했다. 사이좋은 새들의 모습은 창가 작은 탁자에 책을 펴 놓고 공부하다가 잠시 피곤해진 내 눈을 쉬게 해주었다.

여행 중 잠시 머문 것으로, 그리고 그냥 스쳐 지나가며 정원의 풍경

게르덴, 창밖 정원

을 몇 장의 사진으로 남기는 것만으로는 정원에서 벌어지는 일들을 이렇듯 자세히 풀어 내놓을 수 없다. 살며 정원에서 일어나는 온갖 일들을 직접 체험한 기억으로부터 나오는 그림인 것이다. 정원에만 국한된 게 아니다. 가령 명산대천의 어느 정자를 찾아갔다고 하면, 아름다움에 취해 사진도 찍고 자연을 느끼고 본다. 시적이고 세련된 감성적 감상이었다 하더라도 그건 손님의 시각이다.

주인의 시각으로 본다는 것은 경치 좋은 곳에 놓인 어느 정자를 찾아가 정자에서 주변 경관을 감상하는 것으로 비유해 볼 수 있다. 즉 정자에 걸린 현판의 정자기를 읽거나 시를 읽으면서 내가 정자의 주인 입장이 되어, 거기 정자를 세운 뜻을 새기고 공감하며 잠시 사유해 보는 것과 같은 것이다.

사진에세이
경관에세이

조경은 영문으로 'Landscape Architecture'라 한다. 직역을 하여 조경건축이라는 이상한 용어를 만들어 놓는 경우가 있는데, 이는 사실 전혀 맞지 않다. 조경이란 용어에 이미 조성, 구축 등의 의미가 담겨 있어 조경이란 경관을 만든다는 의미가 되는 것이다. 경관이란 원래 서구 지리학에서 시작된 'landscape'에 대응하는 용어로, 우리나라에 조경학이 뿌리내리면서부터 전문용어로 사용되어 오다가 요즘은 보통명사처럼 널리 쓰인다.

경관은 외형적으로 보자면 우리 일상에서 우리를 둘러 있는 환경을

게르덴, 집

말한다. 그래서 경치나 풍경과 같은 것이기도 한다. 도시경관이나 가로경관 혹은 자연경관이나 역사경관이라 부르기도 하는데, 그건 모두 대상의 성격에 따라 구분한 것이지 특정한 성격을 가진 구체적 대상을 두고 별달리 일컫는 것은 아니다. 그리고 조경은 경관을 만든다 혹은 경관을 조성한다는 것(Landscape의 Architecture)이 된다.

경관은 조경학의 특정한 전문용어이기도 하지만 인문학적 정신문화적 측면에서 봐야 할 공간적 대상이다. 그래서 그냥 보통명사처럼 저 멀리 내버려둘 게 아니라 건축이나 정원처럼 해설이나 가이드를 곁들여보면 좋겠다는 아이디어를 떠올리는 사람들도 있다.

울름

역사건축이나 정원 혹은 현대 유명작품들을 여행의 주제로 보자면, 박물관이나 미술관을 두루 탐방하는 미술관 박물관 테마 여행처럼, 거기에 썩 어울리는 전문가 수준의 해설과 안내를 부여하여 보면 정원은 좋은 테마 여행 주제가 될 수 있다. 경관을 만나는 것은 실체가 없는 추상적 대상과의 만남이다. 그래서 경관투어란 것은 애초부터 정원이나 건축과 같이 특정한 대상을 두고 찾아가서 감상하고 해설하는 방식의 테마 여행으로 성립될 수 없지만, 혹여 여행을 통하여 낯선 곳의 삶과 환경에 조금 가까이 다가가는 것으로라면 경관과의

예닌스, 스위스

만남이 가능해진다.

조경학자 입장에서, 그간 전문분야에서 연구용으로 다루던 걸 여행자가 만난 여행지의 경관에 펼쳐 놓고 보면 그게 여행기가 될 텐데, 조경학자가 여행기를 한번 써 보려는 건 짐짓 경관해석을 명분으로 하여 경관해설이란 걸 해 보려는 의도다.

사진 한 장 속에는 그때 만난 것들에 관한 기억이 담겨 있다. 워낙 오래된 일이라 거의 기억 저편에서 가물가물해졌다 하더라도 한 장의 사진을 통하여 기억을 되살려 낼 수 있다. 여행에서 찍어둔 내 사진들은 대부분 어느 인물의 전기나 행적에 초점을 맞추어 그의 뒤를 따라 간 기억의 절편이다. 이를테면 독일의 문호 괴테를 따라 다니거나, 오스트리아의 국민작가 슈티프터의 행적을 따라 빈 시내를 쏘다니고 보면, 어느덧 그 도시는 낯선 여행객을 맞아주는 상품화된 관광도시가 아니라 누군가가 자신의 삶을 영위해간 삶의 공간이 되어 나타난다. 여행지에 대해 잘 모르는 나로 하여금 구체적으로 '어디'를 찾아가게 하며, 무척 생소한 곳이나 생소한 일에 대해 소상하게 일러줄 대상이 생기는 것이다.